KONSTANTIN WECKER, BERNARD GLASSMAN

# Die revolutionäre Kraft des Mitgefühls



GOLDMANN
Lesen erleben

*Buch*

Konstantin Wecker, durch all die Jahre seiner wechselvollen Karriere sozial und politisch engagiert, ist auf der Suche nach einer Spiritualität, die sich nicht ins Private zurückzieht. Dabei trifft er auf den großen Zen-Meister Bernard Glassman, der sich durch Retreats in Elendsvierteln der Großstädte einen Namen gemacht hat.

Die zwei Männer verbindet viel: ihre geradezu ungebändigte Kraft, sich für eine gerechtere Gesellschaft einzusetzen. Eine durch Krisen und Schicksalsschläge gereifte Lebenserfahrung. Und die Erkenntnis, dass wir einzig durch liebevolles Handeln und tätiges Mitgefühl die Welt verändern können. Die beiden Rebellen entwerfen die Vision einer Revolution aus Liebe: eine leidenschaftliche Anstiftung, sich einzumischen und aktiv zu werden.

*Autoren*

Konstantin Wecker, geb. 1947, Poet, Sänger und Komponist, engagiert sich seit Jahren für Zivilcourage und Pazifismus. Nicht zuletzt ausgelöst durch eine tiefe Krise nach seinem Kokainmissbrauch ist er auf der Suche nach einer tragenden Kraft, einer Spiritualität, die aktiv wird und sich nicht ins Private zurückzieht. Wenn er nicht gerade on tour ist, lebt er mit seiner Familie in München.

www.wecker.de

Bernard Glassman, geb. 1939, ist eine der eindrucksvollsten Persönlichkeiten einer sozial engagierten Spiritualität. Der amerikanische Zen-Meister gründete ein Netzwerk, das sich weltweit für Frieden und Gerechtigkeit einsetzt und höchst erfolgreiche Sozialprojekte inspiriert hat.

www.zenpeacemakers.org

*Herausgeberin*

Christa Spannbauer lebt und arbeitet als freie Journalistin und Autorin in Berlin. In ihren Publikationen und Vorträgen beschäftigt sie sich mit zeitgemäßen Weisheitswegen aus Ost und West unter Einbezug neuer Wissenschaftserkenntnisse, die in ein sozial und gesellschaftspolitisch engagiertes Handeln münden. Sie ist Öffentlichkeitsbeauftragte der Stiftungsinitiative »Männer für morgen« von Prof. Dr. Gerald Hüther. Langjährige eigene Zen- und Achtsamkeitspraxis.

Konstantin Wecker, Bernard Glassman

# Die revolutionäre Kraft des Mitgefühls

Herausgegeben von
Christa Spannbauer

GOLDMANN

Die Originalausgabe erschien 2011 unter dem Titel
»Es geht ums Tun und nicht ums Siegen. Engagement zwischen Wut
und Zärtlichkeit« im Kösel-Verlag, München.

MIX
Papier aus verantwortungsvollen Quellen
FSC® C014496
FSC
www.fsc.org

Verlagsgruppe Random House FSC® N001967
Das für dieses Buch verwendete FSC®-zertifizierte Papier
*Lux Cream* liefert Stora Enso, Finnland.

1. Auflage

Vollständige Taschenbuchausgabe, Oktober 2013
Wilhelm Goldmann Verlag, München,
in der Verlagsgruppe Random House GmbH

Umschlaggestaltung: Uno Werbeagentur
Umschlagfotos: Porträt Bernie Glassman (links): Christa Spannbauer.
Porträt Konstantin Wecker (rechts): Thomas Karsten
WL • Herstellung: cb
Druck: GGP Media GmbH, Pößneck
Printed in Germany
ISBN 978-3-442-22034-2
www.goldmann-verlag.de

# Inhalt

**Zwei Rebellen und ihre Anstiftung zum Einmischen**
Sänger und Poet Konstantin Wecker und der amerikanische Zen-Meister Bernard Glassman Roshi (hier mit der Herausgeberin Christa Spannbauer bei einem Treffen in München) sprechen über weises Handeln in einer gefährdeten Welt. Wie kann der Einzelne wirklich etwas in der Welt verändern? Braucht soziales und politisches Engagement eine spirituelle Quelle, um langfristig etwas zu bewegen? Bleibt Spiritualität ohne aktives Tun für andere bloße Nabelschau?

# Liedermacher meets Zen-Meister

## Vorwort der Herausgeberin

Der Poet und Sänger Konstantin Wecker, der sich seit Jahrzehnten für Zivilcourage und soziale Gerechtigkeit einsetzt, trifft in diesem Buch auf den amerikanischen Zen-Meister Bernard Glassman, einen der weltweit wichtigsten Vertreter einer sozial engagierten Spiritualität. Die beiden befreundeten Männer verbindet viel: ihre nicht nachlassende und geradezu ungebändigte Kraft, sich für soziale und gesellschaftspolitische Belange zu engagieren, eine durch Krisen und Schicksalsschläge gereifte Lebenserfahrung sowie die Erkenntnis, dass wir einzig durch liebevolles Handeln und tätiges Mitgefühl die Welt verändern können. Kein einfacher Weg, doch ein mutiger und lebensbejahender, wie der Zen-Meister und der Liedermacher in diesem Buch deutlich zeigen.

Erstmals trafen sich die beiden bei einer gemeinsamen Veranstaltung, die ich mit einer Kollegin in Berlin organisiert hatte. Lange schon hatten die beiden Männer meinen eigenen Lebensweg begleitet, der eine mit seinen Mut machenden Liedern von Jugend an, der andere seit vielen Jahren mit seiner bahnbrechenden spirituellen Arbeit.

Zahlreiche Menschen waren an diesem Sommerabend zusammengeströmt, um die Begegnung von Bernard Glassman mit Konstantin Wecker mitzuerleben. Das Motto des Abends – »Es geht ums Tun und nicht ums Siegen« – entstammt der Hommage von Konstantin Wecker an die Mitglieder der Widerstandsgruppe »Die weiße Rose«. Zu siegen war ihnen mit ihrem aufrechten und unerschrockenen Tun nicht vergönnt, doch gelang es ihnen, den Glauben an Menschlichkeit und Zivilcourage unter schwierigsten Bedingungen zu bewahren und an die nachfolgenden Generationen weiterzugeben.

Menschlichkeit in die Welt zu tragen und darauf zu hoffen, dass die Welt etwas damit anfangen kann – das sind auch die Anliegen des Zen-Aktivisten und des engagierten Poeten. Und wenn sie hierfür auch gänzlich unterschiedliche Lebenswege beschritten hatten, so gelangten sie beide doch zur gleichen Überzeugung: Eine Veränderung der Welt ist einzig durch die Verbindung von gesellschaftlichem Engagement mit spiritueller Weisheit möglich. Während der eine sich einer traditionellen Zen-Schulung unterwarf, streng, diszipliniert, nach innen gewandt und den weltlichen Genüssen eher abgewandt, wurde der andere geradezu für seinen genussvollen und mitunter exzessiven Lebenswandel bekannt. Und während der Zen-Meister aus der Spiritualität heraus zu radikalen Formen von sozialem Engagement kam, fand der Sänger nach einer schweren Krise des Kokainmissbrauchs zu einem spirituellen Weg. Ihre so unterschiedlichen Erfahrungen führten sie beide zur gleichen Einsicht: Aktives Handeln gelingt nicht ohne Spiritualität und Spiritualität nicht ohne aktives Handeln. Nur durch eine Verbindung der beiden Elemente können wir in der Welt Tiefgreifendes bewirken.

Beide wissen um die Dringlichkeit und die Wichtigkeit ihres Anliegens, denn noch immer ist eine gravierende Spaltung zwischen spirituellen und politischen Kreisen zu verzeichnen, die ein so dringend erforderliches gemeinsames Handeln oftmals verhindert. Diese Spaltung zu überbrücken sind sie mit diesem Buch angetreten: »Mag sein, dass wir damit zwischen den Stühlen sitzen«, sagt Konstantin Wecker, »doch wer zwischen den Stühlen sitzt, klebt auf keinem der beiden fest und kann Neues wagen.«

Neues haben sie schon immer geschaffen. Nie wollten sie sich mit dem Status Quo, mit unhaltbaren Zuständen arrangieren, nie Ungerechtigkeit hinnehmen, sondern immer zur Veränderung beitragen. Beide sind sie kraftvolle und charismatische Persönlichkeiten, beseelt vom Willen zu gestalten und unermüdlich auf der Suche nach dem, was die Welt im Innersten zusammenhält. Ihnen scheint diese eigentümliche Kraft zu eigen, die Dinge und Menschen bewegt. Sie rütteln auf, der eine mit seinen zornigen Liedern und seinem gesellschaftspolitischen Engagement, der andere durch ungewöhnliche Zen-Methoden wie seinen Straßen-Retreats, in denen sich die Teilnehmer für eine begrenzte Zeit der Obdachlosigkeit ausliefern, oder seinen Meditations-Retreats im ehemaligen Vernichtungslager Auschwitz. Unablässig brechen beide auf zu neuen Ufern: »In all diesen Jahren habe ich mich oft gehäutet und immer wieder Teile von mir zurückgelassen, die überlebt waren. Manchmal fühlte es sich so an, als blieben mir nicht mehr als die Kleider, die ich gerade am Leib trug«, sagt Bernie Glassman über seinen Weg. »Noch kriegt ihr mich nicht dran, es gibt noch viel zu viel zu tun, auf diesem Lorbeer, der erstickt und träge macht, will ich nicht ruhn«, sang Konstantin Wecker bereits in den 70er-Jahren, wofür er bis zum heutigen Tage einsteht. Mit seinen politischen Liedern ruft er Menschen dazu auf, nicht liegen zu bleiben, sondern aufzustehen und entschieden einzutreten gegen Unrecht und Unterdrückung.

Wer die beiden Männer kennt und wer sie auf der Bühne erlebt, fragt sich unweigerlich, aus welcher Quelle sich diese schier unerschöpfliche Kraft, diese Vielseitigkeit und Kreativität speist, die sie so selbstverständlich an den Tag legen. In diesem Buch geben sie tiefe und bewegende Einblicke in ihr engagiertes Leben und in das, was ihr eigener Lebensweg sie lehrte über Zärtlichkeit und Wut, über Mitgefühl und Weisheit.

In den ersten beiden Kapiteln des Buches machen sich Konstantin Wecker und Bernard Glassman jeweils auf eine autobiographische Spurensuche. Trotz gänzlich unterschiedlicher Lebensentwürfe und Lebensetappen gelangen sie beide zu der gleichen Erkenntnis: Wenn wir Spiritualität und konkretes gesellschaftliches Engagement vereinen, können wir weit mehr bewegen – sowohl im eigenen Inneren wie im Außen –, als wenn wir nur einen dieser beiden Wege gehen. In ihren gemeinsamen Gesprächen im dritten Teil des Buches entwerfen sie schließlich eine Vision der Revolution aus Liebe: ein kraftvolles Plädoyer für mehr Menschlichkeit und eine leidenschaftliche Anstiftung, sich einzumischen und aktiv zu werden.

# Zärtlichkeit und Wut

# »Kann man wütend sein und weise?«

## Der Liedermacher

Vielen ist er bekannt als Sänger und Musiker, als politisch engagierter Liedermacher, ein sanfter Poet und zugleich ein zorniger Rebell, wenn es darum geht, gegen Ungerechtigkeit und Intoleranz einzustehen und aufzustehen. Weit weniger Menschen wissen, dass Konstantin Wecker auch ein tiefspiritueller Mensch ist, der im östlichen Buddhismus ebenso wie in der christlichen Mystik nach Antworten auf die grundlegenden Fragen des Menschseins sucht.

Mit ihm treffen wir nicht nur auf eine talentierte Musikerpersönlichkeit, sondern zugleich auf einen rastlosen und vielseitigen Universalkünstler. Er schreibt, dichtet, komponiert, singt und musiziert und ist immer öfter auch im Fernsehen und auf der Leinwand zu sehen. So viel Kreativität und Intensität in einem Leben! Da muss einer schon reichlich Energie und Kraft haben. Mit seiner leidenschaftlichen und kraftstrotzenden Bühnenpräsenz stellt er diese seit nunmehr 40 Jahren unter Beweis. »Genug ist nicht genug«, sang er bereits in den 70er-Jahren in dem Lied, das viele mit ihm und seiner unbän-

**Engagement zwischen Zärtlichkeit und Wut**
Lässt sich der Zorn auf Ungerechtigkeit transformieren in eine tatsächlich positive Kraft der Veränderung? Konstantin Wecker: »Es gilt, die Balance zu finden zwischen dem nüchternen Sezieren des Egos und dem notwendigen Sicheinmischen in die Belange der Welt.«

digen und lustvollen Art zu leben verbinden. Immer schon war er einer, der das Leben in seine Arme riss, es in vollen Zügen auszukosten suchte, unablässig auf der Suche nach dem Paradies, aus dem er ebenso oft wieder vertrieben wurde. »An Genuss bekommt man nämlich nie zu viel«, war er einst euphorisch überzeugt und musste schließlich durch seine schwere Drogensucht erkennen, dass man sich selbst vom Genuss zu viel einhandeln kann. Doch auch diese Krise durchschritt er mit der Ehrlichkeit und Offenheit, für die ihn viele Menschen schätzen, er lernte seine Lektionen und ging gereifter und in sich ruhender aus dieser hervor. Geschliffen hat ihn das Leben, weiser gemacht haben ihn seine Niederlagen. Seitdem weiß er, dass es weniger die Erfolge sind, die den Menschen formen, sondern vielmehr sein Scheitern: »In den Augenblicken meiner größten Verzweiflung war ich stets wesentlicher und lebendiger und näher an dem, was die Welt im Innersten zusammenhält.«

Es sind erklärtermaßen die Irrungen und Verwirrungen des Lebens, die ihn zu dem gemacht haben, der er heute ist: eine facettenreiche Persönlichkeit, der die Kraft des Zorns ebenso wichtig ist wie die Macht der Liebe, lebenshungrig und nach wie vor ein friedliebender Pazifist und ein lautstarker Revoluzzer, der nicht nur zum politischen Widerstand, sondern mittlerweile auch zur stillen Meditation aufruft und dem es bei all dem noch gelingt, diese Widersprüche mit einem Augenzwinkern in sich zu vereinen.

Bis zum heutigen Tage ist er ein Suchender geblieben, einer, den die Sehnsucht nach dem Unbekannten, Unerklärlichen, Unverfügbaren und Namenlosen bereits als Kind packte und nie wieder loslassen sollte; einer, für den die Augenblicke der Ekstase und Verzückung, das Einswerden mit der Musik und dem Weltgeist die großen Momente seines Lebens markieren.

Mit seinem gesellschaftspolitischen Engagement eckte er an wie kaum ein anderer deutschsprachiger Künstler. »Alt-68er« schimpfen ihn die Konservativen, einen »Gutmenschen« nennen ihn die Neoliberalen. Er selbst versteht beides mittlerweile als Auszeichnung. »Ich war halt schon immer ein Herdplattenanfasser«, sagt er lachend, während er sich schon wieder bereit macht für die nächste Aktion. Er gehört zu den Menschen, die zur Stelle sind, wenn es des Einsatzes für Frieden und Gerechtigkeit bedarf. Sei es der Afghanistan- oder der Irakkrieg, der Aufmarsch der Faschisten, der Widerstand gegen die Atomkraft oder Stuttgart 21 – überall dort, wo demokratisches Engagement an gesellschaftlichen Brennpunkten erforderlich ist und eine neue engagierte Zivilgesellschaft sich formt, ist Konstantin Wecker zu finden. Nicht von ungefähr wurde ihm 2007 für seine Zivilcourage und sein Eintreten gegen Fremdenhass und Faschismus der Erich-Fromm-Preis verliehen.

Wer diese Welt und ihre Menschen liebt, kann gar nicht anders, als sich für ihr Wohl einzusetzen. Das führt uns Konstantin Wecker deutlich vor Augen, der uns mit seinen Liedern ebenso wie mit seinem Leben immer wieder zuruft: »Empört euch und wehrt euch und liebt euch und widersteht!«

# Zwischen Zärtlichkeit und Wut

Konstantin Wecker

## *Leben im Aufbruch*

> *Komm, wir brechen morgen aus,*
> *und dann stellen wir uns gegen den Wind.*
> Genug ist nicht genug

Es ist sehr wohl möglich, die Welt zu verwandeln und Utopien zu leben. Das haben uns die Ereignisse in Tunesien und Ägypten ebenso wie der Berliner Mauerfall deutlich gezeigt. Wir alle konnten miterleben, wie plötzlich Geschichte passiert. Gleichsam über Nacht wurde die Vorstellung von einer Welt, die auf ewig in Stein gemeißelt schien, umgewälzt. Ideengebäude stürzten ein und eine friedliche Revolution bahnte sich ihren Weg.

Selbst wenn es danach nicht immer wunschgemäß weiterging: Der Keim gewaltfreier Veränderung wurde gepflanzt und zeigte, dass das Volk sehr viel klüger ist und menschlicher zu handeln vermag, als ihm seine Herrscher zutrauen. Und auch wenn manche danach wieder die eingetrampelten Pfade patriarchaler Macht einschlugen – was in Berlin geschehen ist und was auf dem Tahrirplatz in Ägypten geschah, hat sich für immer in das Gedächtnis der Menschheit eingeprägt. Diese friedlichen Revolutionen haben alle, die ihr Herz am rechten Fleck tragen, elektrisiert. Das sind die historischen Momente, die die Menschheit verändern. Und wer sich mit diesen Ereignissen nicht mitfreuen konnte, hat noch nie wirklich an Demokratie geglaubt.

Was in der arabischen Welt geschah, ist ein unauslöschbares Zeichen dafür, dass Widerstand erfolgreich ist. »Neues schaffen heißt Widerstand leisten. Widerstand leisten heißt Neues schaffen«, schrieb der 93-jährige Stéphane Hessel in seiner die Welt bewegenden Streitschrift *Empört euch!*, in der er uns alle zum Einsatz für eine gerechte Welt aufruft. Wer an Freiheit und Liebe glaubt, wer davon überzeugt ist, dass der Mensch sich selbst verantworten und selbst bestimmen kann, muss dazu bereit sein, sich gegen Missstände zu empören. Das ist es, was uns in Bewegung hält, uns lebendig macht und davor bewahrt, zu erstarren und zu resignieren. Denn das Schlimmste, so schreibt der ehemalige Résistance-Kämpfer Hessel zu Recht, ist die Gleichgültigkeit.

Ich selbst habe dies bereits frühzeitig verinnerlicht. Die Wurzeln hierfür sind in meinem Elternhaus zu finden. Meine Eltern waren aufrechte Menschen. Und mein Vater war entschiedener Pazifist. Er ist sich auch im Dritten Reich treu geblieben und nicht zum Militär gegangen, weil er keinesfalls tö-

**Für einen Aufstand in Friedfertigkeit**
Die Streitschrift *Empört euch!* des 93-jährigen Buchenwald-Überlebenden und Mitherausgebers der 1948 begründeten Charta der Menschenrechte bewegt die Welt. In eindringlichen Worten ruft Stéphane Hessel zum Widerstand gegen die Diktatur des Finanzkapitalismus, gegen die Unterdrückung von Minderheiten und die Umweltzerstörung auf unserem Planeten auf.

**»Ich gestatte mir Revolte.«**
Die Kulturrevolution der 68er-Bewegung durchfuhr die westliche Welt wie ein Wirbelsturm. Es war eine Revolte der Jungen gegen das bestehende bürgerliche Establishment. Linke Studenten- und Bürgerrechtsbewegungen machten gegen den Vietnamkrieg und alle Arten der gesellschaftlichen Unterdrückung und Diskriminierung mobil. Hier der Ostermarsch nach dem Attentat auf Rudi Dutschke 1968.

ten wollte. Seine Ablehnung des Faschismus hat ihm nicht nur während des Krieges, sondern auch noch danach geschadet, denn er verfügte nicht über die Seilschaften, die so viele andere aus dieser Zeit noch hatten.

Er war ein absolut gewaltfreier Mann, was fast an ein Wunder grenzt, wenn man bedenkt, dass er in der wilhelminischen Zeit geboren wurde. Als meine Mutter einmal von ihm forderte, dass er mich aufgrund eines meiner Vergehen züchtigen sollte, machte mein Vater die Tür hinter uns beiden zu und

**»Genug ist nicht genug.«**
Mit seiner zweiten LP *Genug ist nicht genug* begann 1977 der rasante Aufstieg des Liedermachers zu Ruhm und Erfolg. Bekannt wurde er durch seine Liebeslieder ebenso wie politische Stücke, allen voran »Willy«, ein Lied über einen Freund, der bei einer Schlägerei von Rechtsradikalen erschlagen wurde.

sagte: »Ich kann es einfach nicht, Konstantin, und ich will es auch nicht.«

Als Jugendlicher besuchte ich ein sehr strenges und extrem konservatives Gymnasium in München, in dem noch etliche Alt-Nazis Lehrer waren. Bereits zu dieser Zeit fing ich an, mich zu politisieren, wenn auch erst einmal in einer sehr emotionalen Weise. Wir hatten keine Vorbilder, es gab kaum ältere Jungs, die einem etwas vorgelebt hätten an Zivilcourage und Ungehorsam, denn sie alle waren brave Söhne reicher Eltern und wollten später einmal Karriere machen. Ich selbst hatte – wohl bedingt durch mein freies Elternhaus – bereits etwas von den Schriften des russischen Anarchisten Michail Bakunin mitgekriegt und ziemlich angegeben damit. Da galt ich dann plötzlich als Anarchist, auch wenn ich selbst noch wenig Ahnung davon hatte, was das überhaupt ist. Ich wusste nur, es ist gegen das, was die Schule uns vermitteln wollte. So habe ich mich mit dem Wort angefreundet.

Der Schriftsteller Henry Miller, der mich als junger Mann sehr beeindruckte, sagte einmal: »Als Künstler hat man quasi die Verpflichtung, Anarchist zu sein. Es gibt gar keine andere

Möglichkeit.« In der 68er-Zeit wurde mir dann auch intellektuell bewusst, dass die einzige Möglichkeit für eine gerechte Welt eine herrschaftsfreie Welt sein muss. Am Anfang waren die Achtundsechziger ja durchaus eine Bewegung, in der es möglich war, sich frei zu entwickeln und zu äußern. Dann aber bildeten sich die ersten doktrinären Linksgruppen, die sich zu Wächtern der Ideologie aufschwangen. Denen waren einige meiner Lieder ein Dorn im Auge. So wurde mein Lied »Wenn der Sommer nicht mehr weit ist« von ihnen auf der Bühne konsequent ausgepfiffen. Sie wollten doch tatsächlich, dass ich manche Texte umschreibe, weil sie ihnen zu poetisch und damit zu bürgerlich waren. In dieser Zeit wurde mir bereits klar, dass die Ideologisierung – wie jede Form von Fundamentalismus – der Todfeind der Kunst, der Poesie und der freien künstlerischen und damit auch menschlichen Entwicklung ist.

Wer sich politisch engagiert, das weiß ich seitdem, muss bereit sein, sich immer wieder auf sich selbst zu besinnen, in sich und seine psychischen Verstrickungen hineinzublicken, seine wahre Identität zu entdecken, Eitelkeiten zu enttarnen und Selbstlügen aufzudecken. Denn wir sind so uneins mit uns selbst, dass wir immer noch bereit sind zu glauben, nur die anderen seien gewalttätig und wir allein wären zum Frieden bereit. Der Ursprung der Konflikte aber liegt in unseren eigenen Herzen. Wenn ich also für Gewaltlosigkeit eintrete, muss ich zuerst einmal genau hinschauen, welches Gewaltpotenzial ich in mir selbst trage, und Wege finden, verantwortlich damit umzugehen.

## *ZÄRTLICHKEIT UND WUT*

*Mit dem Alter und der Plage*
*stellt sich irgendwann die Frage:*
*Ist es besser zu erkalten*
*und lässt alles schön beim Alten?*

*Soll man sich die Wunden lecken,*
*legt sich in gemachte Betten,*
*statt die Kissen mit Gefühlen*
*alten Trotzes aufzuwühlen?*

*Oder kann man immer weiter*
*wachsam sein und dennoch heiter?*
*Soll man weiter revoluzzen*
*oder doch Laternen putzen?*

*Kann man wütend sein und weise,*
*laut sein und im Lauten leise,*
*macht gerechter Zorn nicht müde,*
*ist vielleicht nur Attitüde?*

*Eines fügt sich doch zum andern,*
*nichts besteht für sich allein.*
*Flüsse, die getrennt mäandern,*
*leiben sich dem Meere ein.*

*Gut poliert erscheint das Schlechte*
*oft in einem Strahlenkranz.*
*Sei ein Heiliger und Sünder,*
*gib dir alles! Werde ganz!*

*Hab mich niemals an Gesetze,*
*Dogmen oder Glaubenssätze,*
*Führer, höhere Gewalten*
*ohne Widerspruch gehalten.*

*Und mich führn auf meiner Reise*
*zum Verstehen viele Gleise.*
*Zwischen Zärtlichkeit und Wut*
*tut das Leben richtig gut.*

*Menschen müssen sich verändern,*
*um sich selber treu zu sein.*
*Nur das Wechseln von Gewändern*
*kann kein wahrer Wandel sein.*

*Mancher sagt, nur Meditieren,*
*essen, was zu Boden fiel,*
*sich im Ganzen zu verlieren,*
*sei das wahre Lebensziel.*

*Andre ritzen ihren Armen*
*Hass und Rache blutig ein.*
*Sie sind viel zu schwer verwundet,*
*um im Herzen ganz zu sein.*

*Andre wiederum marschieren,*
*Fahnen werden stolz gehisst.*
*Und auch sie werden verlieren,*
*weil kein Sieg beständig ist.*

*Eines fügt sich doch zum andern,*
*nichts besteht für sich allein.*
*Flüsse, die getrennt mäandern,*
*leiben sich dem Meere ein.*

*Gut poliert erscheint das Schlechte*
*oft in einem Strahlenkranz.*
*Sei ein Heiliger und Sünder,*
*gib dir alles! Werde ganz!*

*Hoch gestiegen, tief gefallen,*
*zwischen Geistesblitz und Lallen*
*bin ich auf dem Weg zum Lieben*
*meinem Innern treu geblieben.*

*Denn mich führn auf meiner Reise*
*zum Verstehen viele Gleise.*
*Zwischen Zärtlichkeit und Wut*
*fasse ich zum Leben Mut.*

## *Auf dem Weg zum Wunderbaren*

> *Jetzt kurz den Atem anhalten. Schmecken. Riechen.*
> *Und: Ich will noch eine ganze Menge Leben.*
>
> Eine ganze Menge Leben

Lange galt ich als der Prototyp des Unersättlichen, des Ungenügsamen, immer Rebellischen – und dies beileibe nicht nur in den einschlägigen Textzeilen meiner Lieder. Dieses nicht zu bändigende Verlangen, den Urgrund des Seins auszuloten, das Wunderbare wieder und wieder zu entdecken, dem Namenlosen, Numinosen auf die Spur zu kommen, treibt mich um, seit ich mein Wesen wahrzunehmen begann, und zwang mich fast mein ganzes Leben dazu, alle Seiten des Daseins bis zur Neige auszukosten.

Nachdem ich mein liebevolles und freigeistiges Elternhaus nach einigen frühen Ausbruchsversuchen verlassen hatte, um mich mit Leib und Seele dem Beruf des Musikers und Poeten hinzugeben, hatte ich mich damit auch der Ekstase verschrieben. Ekstase als Möglichkeit, der Enge des Körpers – wenn auch nur kurzzeitig – zu entwachsen und sich verbunden zu spüren mit allem, was ist. Ich berauschte mich an der Dichtung von Gottfried Benn und der Musik von Gustav Mahler, dem Freiheitskampf von Che Guevara und den Filmen Fellinis, an Mädchen und Frauen und ihrem für mich damals so anderen und unerklärlichen Sein, berauschte mich am Wein ebenso wie am Denken, an Liebe und Tod, Auferstehung und dem heiligen Gral – ich habe in klaren Momenten gearbeitet, in benebelten gefeiert, manchmal auch umgekehrt, bin geschwebt und gefallen, habe mit der Realität gefochten und mich immer wieder in andere Welten und Wirklichkeiten katapultiert und dabei auch die verbotenen Früchte genossen. Ein pralles Leben, vielleicht etwas exzessiv gelebt, aber von der Idee her nichts Außergewöhnliches, wie ich glaube. Oft habe ich einfach das gelebt, was sich manch anderer insgeheim wünschte. Ein wohlwollendes Schicksal hat mir eine kräftige Konstitution mit auf den Lebensweg gegeben. Diesen Vorschuss habe ich oft schamlos ausgenutzt, aber ich habe mich nach Maßgabe dessen, was mir an Einsicht gegeben war, stets redlich bemüht, meine Seele nicht zu verraten. Immer war ich der Meinung, und das hat sich bis heute nicht geändert, dass Moral nur von Wert ist, wenn man sie in sich selbst entdeckt und als Wahrheit erfährt. Starren moralischen Geboten, welchen Systems auch immer, wollte und konnte ich mich nicht beugen.

Mittlerweile bin ich zwar weit weniger willens, mich in meine eigenen Abenteuer derart gefährlich zu verlieben wie früher, doch nach wie vor sind die schönsten, fast heiligen Momente die der Ekstase, in denen es mir gelingt, aus mir auszusteigen und von den Tönen kurz hinausgeschleudert zu werden in den Urzustand des Seins.

Erstmals erlebte ich dies als Knabe, als ich auf dem Boden unseres Wohnzimmers im Elternhaus lag und im Radio Beethovens Violinkonzert hörte. Etwas in mir passierte, das anders war als alles, was ich zuvor erlebt hatte. Es war das Gefühl, meinen Körper zu verlassen und mit den Klängen eins zu werden, einzigartige Minuten der Verzückung, die ewig zu dauern schienen. Töne und Farben verschmolzen und die ganze Welt schien aus Wellen und Schwingungen zu bestehen, auf denen ich frei von körperlicher Schwere durch das Weltall trieb.

Ich habe dieses frühe Erlebnis immer in meinem Herzen bewahrt und es waren diese wiederkehrenden Erfahrungen

**Wenn das Konzert zum Liebesakt wird**
Seine Fans schätzen den Sänger seit 40 Jahren für seine leidenschaftliche Bühnenpräsenz. Über seine Texte sagt er: »Zwischen meinem Leben und meinen Texten gab es lange Jahre einen großen Widerspruch. Das lag allerdings nicht daran, dass meine Texte nicht ehrlich empfunden gewesen wären. Vielmehr war meine Lebensweise nicht ehrlich.«

des Einsseins von Kindheit an, die mir zu einer selbstverständlichen Form von Spiritualität verholfen haben. Denn die Musik ist ihrem Wesen nach mystisch und drängt nach Vereinigung: der Vereinigung der einzelnen Töne in einer übergreifenden Harmonie. In den begnadeten Momenten auf der Bühne kann ich diese Einheit wieder spüren, es sind die Augenblicke, in denen Künstler und Publikum gleichsam zu einem gemeinsamen Körper, einer gemeinsamen Seele verschmelzen, in denen das Konzert zu einer großen Umarmung wird, einem Liebesakt, einer innigen Vereinigung.

Das Mysterium des Lebens ist rational nicht erfassbar und nie und nimmer können wir es durch Denken ergründen. Wir können es ausschließlich im Raum des Nicht-Wissens, im Raum der Intuition erfahren. In diesem Raum – und das bestätigen alle großen Künstler und Wissenschaftler – finden die wirklich innovativen und die Welt verändernden Entdeckungen und Schöpfungen statt. Ich selbst weiß seit meiner Kindheit, dass ich meine schönsten Melodien und poetischen Verse nicht erdenken kann, sie fallen mir zu. Sie passieren dann, wenn ich die Ratio nicht zum Herrscher meiner selbst mache, sondern wenn dieses Selbst, das ich zu ergründen suche, in mir zu wirken beginnt. »Nichts ist erklärbar. Nur im Unsichtbaren lernen wir zu sehen«, schrieb ich deshalb in einer meiner Elegien.

So nützlich unser Verstand und unsere Rationalität auch sein mögen – wirklich weiter bringt uns einzig die Erfahrung. Lebendiges Wissen wird das seit alters genannt, gelebtes Wissen. Es ist nahezu unmöglich, Erfahrungen, die man in den Tiefen des Geistes und jenseits des Verstandes machen durfte, mit Worten, den Symbolen des Verstandes auszudrücken. Unser Denken ist zu allem Möglichen geschaffen, übrigens auch zu allen möglichen Grausamkeiten, doch es ist nicht dazu in der Lage, das Mysterium des Lebens und des Daseins zu begreifen.

Natürlich gibt es nun viele Menschen, die einem sagen: Was man nicht mit dem Verstand erfassen kann, gibt es nicht. Doch wer das Mysterium erfahren hat und zwar über andere Kanäle, der kann so eine Aussage nicht akzeptieren, denn er hat es ja erfahren.

Als Student fiel mir eines Tages in der Unibuchhandlung ein verstaubtes Buch mit dem Titel *Auf der Suche nach dem Wunderbaren* in die Hand, geschrieben von einem Gurdjieff-Schüler namens Peter D. Ouspensky. In diesem Buch las ich zum ersten Mal von dem, was ich mir immer schon ersehnt hatte, was ich aber nicht in Worte zu fassen wusste. Das Wort Spiritualität kannte ich noch gar nicht, damals nannte man all das noch Esoterik, und die stand in der 68er-Bewegung nicht gerade hoch im Kurs. Das Buch aber hat mich auf einen Weg gebracht, denn die Suche nach dem Wunderbaren hatte mich bereits als Knabe erfasst und nie mehr losgelassen. Die großen

**»Die Musik war mein großer Lehrmeister.«** Die Begeisterung für Musik erfasste Konstantin Wecker bereits in früher Kindheit und sollte ihn nie mehr loslassen. Schon früh galt er als musikalisches Wunderkind, das mit sechs Jahren Klavier, mit acht Geige und mit 14 Jahren Gitarre spielen lernte.

Glücksmomente meiner Kindheit erlebte ich in der Musik, die mich in einen nahezu paradiesischen Zustand versetzte. Meine glücklichsten Erinnerungen habe ich an das gemeinsame Singen mit meinem Vater. In der Musik konnte mir mein Vater, der sonst ein sehr zurückhaltender Mann war, seine Liebe zeigen. Er hatte eine wunderbare Stimme. Als ich zehn Jahre alt war, begann ich gemeinsam mit ihm Opernarien zu singen. Mir fiel dabei der weibliche Part zu, und da die Frauen in den großen Opern am Ende immer sterben, schied auch ich am Ende immer in dramatischer Weise dahin. Lange habe ich daher wohl auch geglaubt, dass die Liebe nur etwas taugt, wenn sie unter Schmerzen und Tränen endet. Mit dem Stimmbruch und dem Verlust meiner engelsgleichen Stimme brach diese Zauberwelt der Kindheit zusammen, in der ich mich so mühelos mit der Schönheit des Lebens verbinden konnte. Von da an begann meine rastlose Suche nach dem verlorenen Paradies.

Ich machte auch später immer wieder Erfahrungen, die ich heute als spirituell bezeichnen würde. Doch eines war mir dabei immer schon klar: Wenn ich jemals an einen Gott glauben würde, dann nur an einen, den ich selbst erfahren habe. Mit Dogmen oder Theorien konnte mir niemand Gott vermitteln und Gottesbeweise fand ich immer schon lächerlich und kindisch. Wie sollte es uns denn gelingen, Gott intellektuell zu ergründen? Und doch war ich immer auf der Suche nach Gott.

Und habe dabei immer wieder das Wunderbare erlebt, manchmal in der Natur, meist jedoch in der Musik. Die Musik ist mein großer Lehrmeister. Nietzsche sagte einmal: »Ohne Musik wäre das Leben ein Irrtum«. Die Musik hat ihren eigenen Weg, um uns zur Weisheit zu führen. Sie hat eine eigene Sprache, die uns weiterführt, reifer macht und innerlich bereichert. Das Wesen des Kunstwerks und der Dichtung ist, dass es nicht zu analysieren ist. Deswegen kann ich meine Gedichte auch am besten über die Musik vermitteln, denn die Musik trifft uns unmittelbar im Herzen. Die Musik ist ein Türöffner für Bereiche, die wir mit unserem analytischen Verstand einfach nicht begreifen können.

Heute weiß ich, dass ich in meinem Leben bereits von Kindheit an meditiert habe – und zwar dann, wenn ich am Klavier improvisierte. Ich stelle fest, dass ich über eine gewisse spirituelle Reife verfüge, auch wenn ich in diesem Bereich immer Anfänger bleiben werde. Der Gedanke vom »Anfängergeist« im Zen gefällt mir ausnehmend gut, denn dieser herrscht auch in der Musik und besonders in der Improvisation. Jeder Augenblick ist neu und einzigartig. Die Zeiten, in denen ich ganz hingegeben am Klavier improvisiere, sind Zeiten der tiefen

**Zen-Geist – Anfängergeist**

»Anfängergeist« wird eine der grundlegenden Geisteshaltungen im Zen-Buddhismus genannt, die sich durch völlige Offenheit und Unvoreingenommenheit jeder Situation gegenüber auszeichnet. Ziel ist es, alles so wahrzunehmen, als sei es das erste Mal. Mit dem Buch *Zen-Geist, Anfängergeist* verfasste Suzuki Roshi, der Begründer des Zen-Zentrums in San Francisco, eines der Grundlagenwerke des Zen im Westen: »Im Anfängergeist gibt es viele Möglichkeiten, im Geist des Experten nur wenige.«

Meditation. Es ist die Musik, die mir immer schon Einblicke in das große Mysterium gestattete und mir den Weg zur Liebe bereitete. Doch dieser Weg war alles andere als einfach, er war voller Irrungen und Verwirrungen und führte mich zunächst einmal durch die Abgründe des eigenen Lebens.

## *Auf der Suche nach dem verlorenen Paradies*

*Und dann will ich, was ich tun will, endlich tun.*
*An Genuss bekommt man nämlich nie zuviel.*
*Nur man darf nicht träge sein und darf nicht ruhn,*
*denn Genießen war noch nie ein leichtes Spiel.*

Wenn der Sommer nicht mehr weit ist

Meine große Droge war immer die Musik gewesen. Schließlich aber – ich war schon 30 Jahre alt – begann ich mit Kokain zu experimentieren. Aus reiner Neugier. Ich wollte erfahren, was meine großen Dichterhelden Gottfried Benn, Rilke und die anderen Expressionisten erfahren hatten. Und da ich mich als junger Mann so unendlich stark fühlte, habe ich nie damit gerechnet, abhängig zu werden. Mit dem Augenblick, an dem ich erstmals mit Crack in Berührung kam, änderte sich dies schlagartig. Der Kick, den einem diese Droge mit dem ersten Zug ins Hirn jagt, ist mit nichts zu vergleichen, und die Gier nach dem nächsten Zug so mächtig, dass alles andere an Bedeutung verliert. Crack ist wirklich eine moderne Droge – sie lässt einem nicht einmal einen Augenblick Zeit, den ersehnten Paradieszustand zu genießen, da sie einen sofort dazu antreibt, den nächsten Zug vorzubereiten. Nichts führt einem

**»Unter dem Einfluss von Kokain wird man seelenlos und asozial.«** Im Jahr 1995 wird Konstantin Wecker wegen Kokainbesitz festgenommen. Zwar wird der Haftbefehl nach zwei Wochen Untersuchungshaft wieder aufgehoben, im April 2000 wird der Künstler jedoch in dritter Instanz zu einem Jahr und acht Monaten Freiheitsstrafe auf Bewährung verurteilt.

die Unmöglichkeit, sich Glück erkaufen zu können, deutlicher vor Augen.

In Zeiten heftiger Drogeneinnahme stimmt einfach gar nichts mehr. Alle Drogen haben am Anfang einen großen Reiz, weil sie einen in eine erweiterte Welt katapultieren. Doch das ist nur der Anfang. Dann kommt die große Gefühlskälte. Heute glaube ich, dass diese Gefühlskälte für einen Gefühlsmenschen wie mich etwas durchaus Verlockendes hatte. Als Poet habe ich immer schon mein Innerstes nach außen gekehrt und mich dabei verletzlich gemacht. Oft bin ich damit direkt ins Messer der Coolen gelaufen. Ich selbst war früher nie cool. Erst mit der Droge bin ich cool geworden und habe Gefühlskälte und Härte entwickelt. Es war wie ein Panzer, der einen vermeintlich schützt, hinter dem einen aber nichts mehr wirklich berührt. Unter dem Einfluss von Kokain wird man seelenlos und asozial. Es macht innerlich eiskalt, selbst wenn man nach außen hin den Anschein empathischer Wärme versprüht. Unter Kokain sind alles nur noch Lippenbekenntnisse, die nicht aus der Tiefe kommen. Die Droge befeuert das Gehirn, während die Seele erkaltet. Deshalb konnte ich unter dem Einfluss von Koks auch keine Gedichte schreiben. Es gibt Drogen wie Meskalin oder Opium, mit denen dies möglich ist. Doch ich habe viel zu lange Zauberlehrling gespielt, als dass es mir noch einmal gegönnt wäre, mit bewusstseinserweiternden Drogen zu experimentieren, in welcher sakralen oder trivialen Form auch immer. Ich habe mich dafür entschieden, meine weiteren geistigen Abenteuer in der stillen Abgeschiedenheit des inneren Erlebens zu erzeugen.

Ein lebenshungriger Mensch wie ich, der immer in Extremen gelebt hat, öffnet sich im Laufe seines Lebens allen Facetten des Menschseins. Das ist faszinierend, zugleich aber auch gefährlich. Und schließlich stößt einen das Schicksal mit erbarmungsloser Wucht immer wieder auf die gleichen Fehler, bis man schließlich bereit ist, sein Leben zu ändern, oder es eben beenden muss. Daher glaube ich, dass unabhängig von meinem Drogenfall das Schicksal mich in jedem Fall zu diesem oder einem späteren Zeitpunkt in ein tiefes Loch gestoßen hätte, denn fallen musste ich, tiefer als je zuvor. Zu vieles hatte sich in mir verhärtet in diesen Jahren des Erfolgs, der mir zu

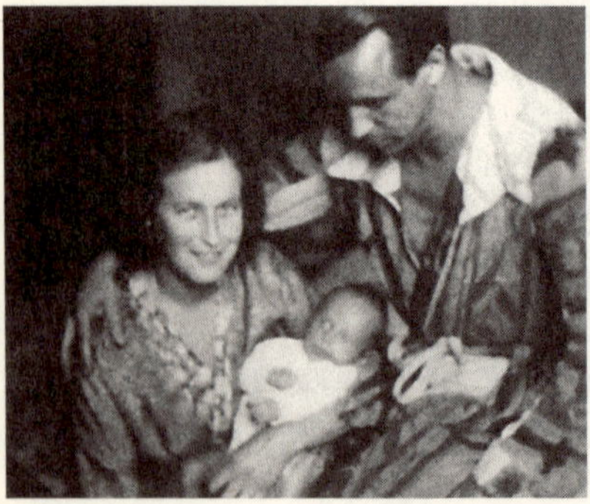

**»Sie haben mich den aufrechten Gang gelehrt.«**
Die Eltern Dorothea und Alexander Wecker. Über seine Mutter sagt Wecker: »Sie hat mir das bedingungslose Ja zum Leben mitgegeben.«

selbstverständlich geworden war. Denn statt mir meines Selbst bewusst zu werden, war ich selbstherrlich geworden.

Der Weisheitslehrer Gurdjieff pflegte Anfang des letzten Jahrhunderts seinen Schülern als oberstes Gebot aufzutragen: »Erinnere dich deiner selbst.« Dieses Erinnern, das weiß ich aus den dramatischen Niederlagen meines Lebens, ist die einzige Chance, sich selbst noch im Scheitern Kraft aus der Tiefe der Seele zu holen. Denn zum Erinnern gehört die Erinnerung und hier hatte ich das Glück, das vielen anderen Menschen nicht mit auf den Weg gegeben ist: mich an eine glückliche und gewaltfreie Kindheit zurückerinnern zu dürfen. Meine Eltern haben mich mit der Schönheit der Kunst und der Weite des Geistes vertraut gemacht und mich den aufrechten Gang durchs Leben gelehrt. Ich selbst fühlte mich daher immer getragen von einer inneren Sicherheit. Und mein sicherlich größtes Glück ist es, dass ich von Anfang an heftig in dieses Leben verliebt war.

Ich trage das Urvertrauen in etwas Ewiges in mir und damit ein bedingungsloses Ja zum Leben. Das hat mir wohl meine Mutter mitgegeben. Es war in meiner Kindheit immer möglich gewesen, alles zu bereinigen. Danach ging es einfach wieder neu los. Deshalb kann ich auch meinen Kindern ein bedingungsloses Ja zum Leben mitgeben. Ich selbst spüre die Gewissheit in mir, dass ich mich immer wieder anbinden kann an meine innere Quelle. Am besten gelingt mir dies auf der Bühne, beim Klavierspielen, Schreiben und Musizieren. Es sind für mich die kreativen Augenblicke, in denen diese Anbindung geschieht. Ich erachte es als großes Geschenk, immer wieder diese alle Fasern durchdringende Freude empfinden zu dürfen. Ich habe diesem Gefühl einmal in einem Lied Ausdruck verliehen: »Was macht sich heut' die Sonne breit, sie stellt mich richtig bloß – mich lässt schon seit geraumer Zeit die Freude nicht mehr los ...«

Mir blieb daher selbst in schweren Krisenzeiten die Hoffnung, dieses Gefühl der Freude wiederentdecken zu können. Und nicht nur das: Von Anfang an war eine tief im Herzen schlummernde Spiritualität mein selbstverständlicher Wegbegleiter gewesen, die durch meine hemmungslose Lebensweise zwar verschüttet, doch nie wirklich ausgelöscht wurde. Ich habe es immer wieder erlebt, aufgefangen zu werden, wenn ich glaubte, am Ende zu sein und alle Hoffnung geschwunden war. Etwas in uns nimmt sich unseres zerknirschten Geistes und unseres zerschlagenen Herzens gerade in den Augenblicken größter Verzweiflung an. Ich wusste schon früh, dass man sich die Seele erarbeiten muss, dass sie nicht einfach ein Päckchen ist, beim Tode zu öffnen, wie ein Geburtstagsgeschenk fürs nächste Leben. Und in all meinen Gedichten und Liedern ist etwas zu spüren von diesem Ringen um die Seele, um den Sinn des Daseins, der sich nicht in Ruhm und Reichtum, Sex, Drugs and Rock'n Roll erfüllen kann.

So betrachtet kann ein Gefängnisaufenthalt Gnade, ein Zusammenbruch zur rechten Zeit Chance sein, denn oft ist es unser Scheitern, das den Anstoß gibt für ehrliche Seelenarbeit. Mir jedenfalls half es immer, die Verantwortung für mein Leid nicht abzuwälzen oder dem Zufall in die Schuhe zu schieben, sondern es als Gelegenheit zu begreifen, aus dem alten Trott auszubrechen und mich neu zu entdecken. Denn auch das, was anfangs durchaus authentisch war, mein wildes und selbstbestimmtes, mein anarchistisches und exzentrisches Leben war eben am Ende doch auch zur Pose erstarrt und wurde weder meinen intellektuellen Ansprüchen noch meinem Alter gerecht. Das Image, das ich mir in jungen Jahren aufgebaut hatte, habe ich noch zu einer Zeit zu leben versucht, als ich es schon längst nicht mehr war: der ewig Starke, der ewig Powervolle, der ewig Leidenschaftliche, der Unzerstörbare, der Lebemann, der rebellische Lüstling. Selbstkritisch schrieb ich in dieser Zeit: »Von allen meinen großen Lieben ist mir nur eine treu geblieben, der Selbstbetrug...« Mehr denn je sehe ich heute meine Aufgabe darin, meine Selbstlügen aufzudecken und zwar eine nach der anderen. Das ist ein langwieriger, schmerzlicher, zugleich aber auch spannender Prozess. Meine Lieder und Gedichte weisen mir auf diesem Weg der Selbsterkenntnis die Richtung, denn sie wussten immer schon mehr als ich. Ich habe in meinen Liedern nie gelogen. Sie kommen aus meinem innersten Empfinden, sie sind zärtlicher und liebevoller als ich, ehrlicher und gerechter. Meine Lieder sind mir an Weisheit weit voraus. Sie künden von meinem weiblichen Part der Seele, sie bringen meine weiblichen Anteile zum Klingen, während ich in meinem Leben meist eher dem männlichen Klischee entsprochen habe. Das hat die Menschen oft verwirrt. Mich übrigens auch. Ich habe Lieder geschrieben, die ich eigentlich gar nicht schreiben wollte. Oft wollte ich nicht wahrhaben, was sie zutage brachten, doch ich musste mich ihnen stellen. Die eigenen Texte fordern einen. Vor allem dann, wenn man sie jeden Abend im Konzert spielt. Ich bin in all diesen Jahren an meinen eigenen Liedern gewachsen.

**Gefangen im eigenen Image?**
*»Ich bin, seit ich was von mir weiß,*
*auf Kraft und Siegen programmiert.*
*Im Sagen groß, das Herz zumeist*
*auf breite Schultern reduziert.«*
(Lied vom Mann-sein)

## Scheitern als Chance

> *Es gibt kein Leben ohne Tod,*
> *ich bring mich wieder ein.*
> *Ich möchte wieder widerstehn*
> *und weiterhin verwundbar sein.*
>
> Ich möchte weiterhin verwundbar sein

Manchmal bedarf es erst eines großen Zusammenbruchs, um zur Besinnung zu kommen und sich bewusst zu werden, dass man das Glück an der falschen Stelle gesucht hat. Und vielleicht ist der Schmerz die einzige Möglichkeit unserer Seele, auf sich aufmerksam zu machen. Wie sollen wir denn sonst herausgerissen werden aus unserer Dauerpartystimmung? Wie können wir uns wieder dem Gedanken nähern, dass wir nicht nur leben, um uns dauernd etwas zu gönnen, sondern auch, um uns etwas abzufordern? Wie können wir erkennen, dass ein tieferer Sinn allem innezuwohnen scheint, eine Aufgabe, die zu erforschen unser Leben erst lebenswert macht? Es bedarf der Erfahrung eigenen Leidens, um sich damit auch in das manchmal so unvorstellbare Leiden unserer Mitmenschen einfühlen zu können.

Mein großer Zusammenbruch im Jahre 1995 markiert den entscheidenden Wendepunkt in meinem Leben. Nicht nur, weil ich von den Drogen runterkam, sondern weil mich mein Scheitern zur Besinnung und zur tiefen Einsicht brachte. Als ich wegen Drogenmissbrauchs im Gefängnis saß, hatte ich am zweiten Tag meiner Inhaftierung ein eindrückliches Erlebnis. Während ich in meiner Zelle saß – ich hatte mich bewusst gegen alle Ablenkungen wie Radio, Fernseher, Zeitungen oder

Bücher entschieden –, gelangte ich plötzlich in einen Bewusstseinszustand, in dem ich Szenen aus meinem Leben wiedererlebte – doch diesmal aus der Sicht derjenigen, denen ich etwas angetan hatte. Indem ich mich mit den Augen der anderen sah, erkannte ich erstmals, welchen Schrecken ich verbreiten und in anderen auslösen konnte. Das war mir bis dahin gar nicht bewusst gewesen. Diese Erfahrung hat mein Leben nachhaltig verändert. Mit ihr hat sich für mich ein Tor geöffnet für wirkliches Mitgefühl, das mir bis dahin verschlossen gewesen war.

Ich habe die Erfahrung gemacht, dass wir in den Augenblicken unserer größten Verzweiflung unserem Innersten am nächsten sind. Ein Obdachloser sagte einmal zu mir: »Religiös sind Menschen, die Angst vor der Hölle haben. Spirituell sind Menschen, die durch die Hölle gegangen sind.«

Jeder weiß, man muss etwas aufgeben an alter Gewohnheit, um Platz zu schaffen für wirklich Neues. Der Mystiker Meister Eckhart sprach davon, dass »Gott nur auf einer leeren Tafel schreiben könne«. Damit wies er auf die Notwendigkeit hin, sich erst einmal von den alten Bildern zu befreien, die man im Laufe seines Lebens von sich und der Welt geschaffen hat. Friedrich Schiller schrieb, man habe im Leben immer wieder zu wählen zwischen Sinnenglück und Seelenfreuden. Ersteres hatte ich in meinem Leben bis dahin ausgiebig ausgekostet; nun zog ich, in der Gefängniszelle sitzend und mir der Hilflosigkeit und Erbärmlichkeit meiner Situation bewusst werdend, den zweiten Vorschlag in Betracht. Denn nicht die Droge, sondern ich selbst war das Problem. Ich habe das Gefängnis gebraucht, um nicht mehr länger vor mir selbst weglaufen zu können. Paradoxerweise erlebte ich in dieser engen

Bletschacher

WOCHENEND tz

Geständnis vor Gericht „Wollte nur Gutes tun"

Familiendrama in Nußdorf mit vier Toten/S. 4

Olympus Superzoom 120

449,-

FOTO · VIDEO · BRILLEN PINI

● Sänger inhalierte Todesdroge ‚Crack'
● Jetzt droht ihm längere Haftstrafe

Großes tz-Interview mit Otto Rehhagel: ‚Mit 57 ändere ich mich nicht mehr'

Trainer sieht Bayern am Wendepunkt/S.38

München, 2./3. Dezember 1995

1,20 DM

Das verpfuschte Leben des Konstantin Wecker

Münchner Publikumsliebling hochgradig süchtig

Bundesliga am Freitag

1:3

Winklers Tor bei Meister Dortmund

**»Endlich bist du wieder unten.«**
Der Skandal um Weckers Drogenkonsum sorgte in der Boulevardpresse monatelang für hämische Schlagzeilen.

Zelle erstmals, was Freiheit wirklich ist. Immer hatte ich gedacht, ich müsste der Freiheit hinterherlaufen, dass sie irgendwo da draußen zu erjagen sei. Im Gefängnis habe ich erfahren, dass die Freiheit nirgendwo anders zu finden ist als in uns selbst. Mein Gefängnisaufenthalt und die darauffolgende Zeit der Ächtung ließen mir gar keine andere Möglichkeit, als tief in mich hineinzutauchen, die Durststrecke der ersten Einsamkeit durchzustehen, mich nicht mehr durch die Blicke der anderen zu definieren und zu versuchen, im Wandel authentisch zu bleiben.

Lange zuvor schon war ich an Meditation interessiert gewesen und hätte es gerne ausprobiert, doch wer Drogen in dem Maße zu sich nahm wie ich, der kann kaum drei Minuten ruhig sitzen. Nun jedoch zog ich mich zurück, so gut es mir möglich war, verschlang Bücher über die Kunst der Meditation und begann mit dem praktischen Training. Ich übte mich vor allem in der meditativen Praxis der christlichen Mystik, die dem Zen-Buddhismus sehr ähnlich ist. Jeder, der in der Lage ist, still zu sitzen und diese Phase der Stille auf zehn, 20, 30 Minuten oder auch länger ausdehnt, kann diese Praxis erlernen. Meist vermeiden wir die Stille in unserem Leben, weil sie uns beim Verdrängen stört. Nicht umsonst war ich all die Jahre mehr oder weniger konsequent vor ihr geflohen. Aber gerade das, wovor wir am entschiedensten fliehen, holt uns am Ende ein. Wir begegnen uns mit großer Sicherheit immer wieder auf genau den Schleichwegen, die wir eingeschlagen haben, um vor uns selbst davonzulaufen. Bis zum heutigen Tag gehören Meditationen und Gebete daher zu meinem täglichen Ritual.

## *Die Schwerkraft der Liebe*

> *Du hältst die Flügel bereit:*
> *Wenn wir fallen, bleibt immer noch Zeit,*
> *uns endlich unendlich zu lieben.*
>
> Das wird eine schöne Zeit

Liebe ist das menschliche Grundthema schlechthin und das, wonach wir uns alle sehnen. Als junger Mann dachte ich noch, es ginge vor allem darum, geliebt zu werden. Ich kann mich gut daran erinnern, wie stolz ich war, wenn ich von mehreren Frauen gleichzeitig geliebt wurde. Als klassischer Macho fand ich das toll. Viele Männer sind überhaupt sehr gut darin, sich lieben zu lassen und sind dann furchtbar erschüttert, wenn sie plötzlich nicht mehr geliebt werden. Das mit dem Geliebtwerden ist so eine Sache – es ist angenehm, wenn es dir passiert, aber es ist nicht deine eigene Entscheidung, es beinhaltet kein eigenes Handeln und bedarf letztlich noch nicht einmal eines eigenen Gefühls. Wer geliebt wird, ohne selbst zu lieben, bleibt innerlich leer. »Glück ist lieben«, erkannte Erich Kästner und schon der junge Goethe wusste: »Und doch, welch Glück, geliebt zu werden, Und lieben, Götter, welch ein Glück!« Worum es also geht, ist selbst zu lieben und das Lieben aktiv zu erlernen. Sogar Ablehnung hindert einen wahrhaft Liebenden nicht daran, zu lieben. Und es geht bei der Liebe ja nicht darum, nur einen Menschen zu lieben. Ein Liebender ist ein mitfühlender und empathischer Mensch, er liebt mit dem Geliebten zugleich auch alle anderen Menschen.

In seinem Buch *Über die Liebe* beschreibt der Zen-Meister Willigis Jäger sehr gelungen die metaphysische Seite der Liebe. Wenn sich die Liebe jedoch nicht auch hineinstürzt in die Tiefen und Untiefen der Körperlichkeit, fehlt ihr meines Erachtens etwas Grundlegendes. Denn es hat sicherlich einen Grund, weshalb wir nicht als körperlose Engelwesen auf diese Erde kommen, auch wenn Menschen immer wieder versuchen, durch Askese sich dazu zu machen. Doch da uns dieser einzigartige Körper mit all seinen Möglichkeiten der sinnlichen Erfahrung mitgegeben wurde, sind wir auch dazu aufgerufen, uns an ihm zu gestalten, an ihm zu lernen und uns durch ihn zu erleben. Nicht umsonst gibt es verschiedene Möglichkeiten, durch Sexualität Erleuchtung zu erfahren.

In meiner Kunst ebenso wie in meinem Leben haben der Eros und seine gestaltende Kraft schon immer eine große Rolle gespielt. Zwischenzeitlich weiß ich aber auch, dass meine Vorstellung vom Eros früher sehr männlich geprägt war. Ich habe lange gebraucht zu verstehen, dass ich meine eigene Sichtweise von Lust und Sexualität in Frauen hineininterpretierte. Männern geht es häufig darum, ihr Territorium zu sichern. In der Liebe müssen wir daher noch viel lernen. Das Erlernen der Liebe als aktiven Akt, die Erfahrung von Empathie und Mitgefühl sehe ich als die zentrale Aufgabe für uns Menschen und insbesondere für uns Männer an. Liebe muss man tatsächlich üben. Mir selbst ist hierbei die Meditation sehr behilflich. Denn in der Meditation haben wir die Möglichkeit, uns auf die Schliche zu kommen und uns selbst zu durchschauen. Wir können dann auch erkennen, wie oft wir uns in der Liebe ein Bild vom anderen machen und dass wir in den wenigsten Fällen dazu bereit sind, dieses zu verändern, sondern starrsinnig daran festhalten. Das ist das übliche Beziehungsmodell, das in unserer Gesellschaft zu finden ist. Ein Liebesmodell sähe jedoch ganz anders aus. Denn wenn wir wirklich lieben, sind wir dazu bereit, unser Bild vom anderen immer wieder zu verändern.

Wir tragen einfach zu viele Interpretationen in die Welt hinein, wir haben zu viele starre Bilder voneinander, denen die Offenheit und Lebendigkeit fehlt. Ziel wäre es doch, einem anderen Menschen völlig ohne Erwartungen zu begegnen. Das ist ein langwieriger Lernprozess, an dem ich dran bin: Jeder Situation und jedem Menschen ohne Erwartungen zu begegnen. Je älter ich werde, desto mehr Bedeutung erhält für mich daher die Idee des Loslassens. Es geht mir heute darum, mein Bild vom anderen loszulassen und mich jeden Tag neu überraschen zu lassen. Meine neuen Liebeslieder sind auf einer anderen Stufe als meine früheren. Es sind nicht mehr diese stürmischen und drängenden »Ich will dich und muss dich haben«-Texte. Sie handeln vielmehr vom Loslassen und ihnen ist eine gewisse Leichtigkeit zu eigen, mit dem Schmerz umzugehen. Es hat sich in den Jahren viel verwandelt in mir.

## *SCHWANENGESANG*

*Du bist eine Andre geworden*
*Ich kenne dich nicht mehr*
*Bin nicht mehr in dir geborgen*
*Und es fällt unendlich schwer.*

*Dass Menschen sich wandeln, weiß ich.*
*Ich selbst bin ein ewiger Fluss.*
*Und dennoch ist es schmerzhaft*
*Wenn man loslassen muss.*

*Wann hat sich der Schritt vollzogen?*
*Passiert so was über Nacht?*
*Wann haben wir uns belogen?*
*Was haben wir nicht bedacht?*

*Wir haben es beide kommen sehn.*
*Und wollten es beide nicht wissen.*
*Und doch: Es wühlte sich Nacht für Nacht*
*In unsre durchweinten Kissen.*

*Keiner hat Schuld daran, dass es geschehen.*
*Nichts ist, was bleibt und sich hält.*
*Sterben und wiederauferstehen*
*Ist das Wesen der Welt.*

*Du willst ein Schmetterling werden.*
*Schon die Raupe liebte ich sehr.*
*Doch schließlich muss alles sterben.*
*Und ich taumle hinterher.*

*Ich kann dich nicht mehr fangen.*
*Ich bin nicht mehr dein Licht*
*Du bist schon lange gegangen.*
*Ich wusste es nur noch nicht.*

*Ich wünsch dir kräftige Flügel*
*Und ein zaubrisch buntes Gewand.*
*Wirf sie nur fort, die Zügel,*
*Nimm dich selbst bei der Hand.*

*Wir haben es beide kommen sehn.*
*Und wollten es beide nicht wissen.*
*Und doch: Es wühlte sich Nacht für Nacht*
*In unsre durchweinten Kissen.*

*Keiner hat Schuld daran, dass es geschehen.*
*Nichts ist, was bleibt und sich hält.*
*Sterben und wiederauferstehen*
*Ist das Wesen der Welt.*

*Ich werde dich staunend begleiten*
*Und versuchen zu verstehen.*
*In deine neuen Weiten*
*Lass ich dich liebend gehen.*

*Das ist der Lauf der Dinge.*
*Sie dulden keinen Zwang.*
*Und wovon ich heute noch singe*
*Ist morgen schon Schwanengesang.*

*Wir haben es beide kommen sehn.*
*Und wollten es beide nicht wissen.*
*Und doch: Es wühlte sich Nacht für Nacht*
*In unsre durchweinten Kissen.*

*Keiner hat Schuld daran, dass es geschehen.*
*Nichts ist, was bleibt und sich hält.*
*Sterben und wiederauferstehen*
*Ist das Wesen der Welt.*

## Menschlichkeit in die Welt tragen

*Die Herren pokern. Ihre Welt*
*friert unsere Herzen langsam ein.*
*Jetzt kann nur noch die Fantasie*
*die Sterbenden vom Eis befreien.*
Wer nicht genießt, ist ungenießbar

Ich bin mittlerweile davon überzeugt, dass wir eine liebevollere und gerechtere Gesellschaft einzig durch die Verbindung von politischem Engagement und spiritueller Weisheit erreichen können. Wenn wir es ausschließlich auf politischem Wege versuchen, dann laufen wir immer Gefahr, selbst zu dem zu mutieren, wogegen wir kämpfen. Das haben wir ja bei der ursprünglich wunderbaren Idee des Kommunismus gesehen, die dann umgehend dem Stalinismus zum Opfer fiel. Der Stalinismus ebenso wie der Maoismus haben deutlich gemacht, wohin es führt, wenn Spiritualität und Mitmenschlichkeit aus einem Denksystem ausgeklammert und ausgemerzt werden.

Zugleich hadere ich aber auch damit, dass die Spiritualität sich so gerne in eine unpolitische Ecke zurückzieht, um zu einer Art privaten Erleuchtung und individuellen Glückseligkeit zu werden. Natürlich erzählt dir dann jeder, dass er ja auch für die Welt betet oder meditiert, doch trotzdem leidet und verhungert und quält sich die Menschheit währenddessen. Ich fand es daher immer schon eigenartig und befremdlich, wenn Menschen, die als erleuchtet galten, sich so gar nicht darum zu kümmern schienen, wie es ihren Mitmenschen da draußen in der Welt ging. Ich verstehe zwar, dass sich Menschen für einige Zeit zurückziehen, von mir aus auch für Jahre, um sich selbst zu entdecken. Doch wer sich in einer Weise selbst entdecken konnte, wie es so vielen anderen nicht gelungen ist, der sollte dann doch auch aktiv werden und das Erkannte in tätige Güte umsetzen.

Für mich ist in dieser Hinsicht Albert Schweitzer ein großes Vorbild mit seiner Ethik und seiner Ehrfurcht vor allem Lebendigen. Was er »tätiges Mitgefühl« nannte, ist für mich gelebte Spiritualität. Die Gewaltfreiheit und diese bedingungslose Liebe zu allem, was lebt, das ist etwas, was alle Systeme und alle Zeiten als wahrhafter Gedanke überdauern wird.

**»Was ein Mensch an Gutem in die Welt hinausgibt, geht nicht verloren.«**
Der Mediziner und Theologe Albert Schweitzer lebte viele Jahre als Arzt in Afrika, wo er ein Urwaldhospital gründete. Für sein Wirken wurde ihm 1952 der Friedensnobelpreis verliehen. Sein pazifistischer Grundsatz der *Ehrfurcht vor dem Leben* zieht sich durch seine gesamten Schriften. Zentral für diese Ethik ist die Aussage: *»Ich bin Leben, das leben will, inmitten von Leben, das leben will.«*

Es gibt große spirituelle Persönlichkeiten, die sich der Idee von Gewaltfreiheit und Herrschaftslosigkeit verschrieben haben und sich weltweit für diese einsetzen. Sie vertrauen auf

**Die Weiße Rose**
Die in ihrem Kern studentische Münchner Gruppe war im Widerstand gegen den Nationalsozialismus aktiv. 1943 wurden die Geschwister Hans und Sophie Scholl beim Auslegen von Flugblättern gegen den Krieg an der Münchner Universität überrascht und der Gestapo ausgeliefert. Am 22. Februar wurden sie vom Volksgerichtshof zum Tode verurteilt und noch am selben Tage im Gefängnis München-Stadelheim mit dem Fallbeil hingerichtet.

das Gute im Menschen und glauben daran, dass der Mensch sich selbst verantworten und selbst bestimmen kann. Zu meinen großen Vorbildern gehören der Benediktiner und Friedensaktivist Bruder David Steindl-Rast aus den Vereinigten Staaten sowie der Benediktiner Bede Griffiths, der nach Indien ging und dort die mystischen Traditionen aus Ost und West zu einem Weg der Friedfertigkeit vereinte. Als Pazifist sucht man natürlich überall in der Welt nach Mitstreitern. Auch Tiziano Terzani war ein radikaler Pazifist und er schrieb in seinem weisen und aufwühlenden Buch *Noch eine Runde auf dem Karussell*:

»Der Mensch muss ein neues Bewusstsein seiner selbst, seines Daseins auf der Erde, seiner Beziehungen zu anderen Menschen und zu anderen Lebewesen entwickeln. Dieses neue Bewusstsein muss eine spirituelle Komponente enthalten, die dem zwanghaften Materialismus unserer Zeit etwas entgegenhalten kann. Nur unter diesen Umständen dürfen wir auf eine neue, vertretbare globale Zivilisation hoffen. Die jetzige hat uns in eine Sackgasse geführt und fällt mittlerweile wieder in die Barbarei zurück.«

Auch die Mitglieder der Weißen Rose kamen aus religiösen Kreisen. Ihr innerster Antrieb war es, in einem unmenschlichen System für Menschlichkeit einzustehen. Und das ist ihnen gelungen, auch wenn sie dafür mit ihrem Leben bezahlen mussten. Denn ohne die Weiße Rose und all die vielen anderen mutigen Menschen in dieser Zeit wäre der Glauben an Zivilcourage und Menschlichkeit verloren gegangen. Diese Menschen haben über ihren Tod hinaus die Idee von Menschlichkeit bewahrt und weitergetragen. Dahin sollten wir selbst kommen: dass es uns nicht mehr um den persönlichen Erfolg geht, sondern darum, Menschlichkeit in die Welt zu tragen und zu hoffen, dass die Welt etwas damit anfangen kann. Und das ist es, was ich mit meinem Lied an die Weiße Rose zum Ausdruck bringen wollte: Selbst, wenn wir nie siegen würden, selbst, wenn wir nie Erfolg hätten, mit dem, wofür wir einstehen, sollten wir doch weiter die Hoffnung haben, dass das Tun etwas bewirkt.

Der Zen-Meister Bernard Glassman fiel mir in diesem Zusammenhang schon lange auf, noch bevor ich sein Buch *Anweisungen an den Koch* mit Begeisterung gelesen hatte. Er fiel mir deshalb auf, weil er politisches Engagement und Spiritualität in einer Art und Weise verbindet, die ihn in spirituellen Kreisen fast schon suspekt macht – so wie ja auch mein spirituelles Anliegen mich in politischen Kreisen suspekt macht.

Wir sitzen da beide zwischen allen Stühlen. Mir persönlich waren die Menschen zwischen den Stühlen aber schon immer sympathischer, weil sie etwas Neues wagen, weil sie neugierig bleiben und aus allen Dogmen ausbrechen. Nur wer zwischen den Stühlen sitzt, kann lebendig bleiben und sich weiterentwickeln. Wer erst einmal fest auf dem Stuhl sitzt und darauf sitzen bleibt, klebt irgendwann daran fest.

Auch Bernie geht es ums Tun und nicht ums Siegen. Es geht ihm darum, in Anbetracht dessen, was in dieser Welt alles schief läuft, zu handeln und das Richtige zu tun. Wir haben im 20. Jahrhundert gesehen, dass Systeme die Welt nicht retten können. Wir brauchen also den bestehenden Systemen keine neuen Systeme entgegenstellen. Wir müssen uns vielmehr darauf besinnen, die Welt da zu retten, wo wir selbst anpacken können, wo wir im tagtäglichen Miteinander etwas bewirken können, ohne gleich wieder eine neue Ideologie schaffen zu wollen.

Wer einem verwirklichten oder aufgewachten Menschen begegnet, der in seinem Leben etwas erkannt hat, was man selbst vielleicht nur ahnt, der kann allein durch die Begegnung mit diesem die Sicherheit bekommen, dass viel mehr möglich ist, als man sich vorzustellen vermag. Deshalb ist es für mich so wichtig, einen Mann wie Bernie zum Freund zu haben, einen Zen-Meister, der weise, lebendig, bescheiden, witzig und voller Mitgefühl ist. Das macht mir Mut, den Weg weiterzugehen.

## *Die Hoffnung auf eine bessere Welt*

> *Empört euch*
> *gehört euch*
> *und liebt euch*
> *und widersteht!*
>
> Empört euch!

Es ist noch lange kein Ende in Sicht meiner Suche nach einer lebenswerteren und gerechteren Welt, auch wenn ich mir alles andere als sicher bin, dass dieses Ziel überhaupt zu erreichen ist. Doch das ändert nichts an meiner Bereitschaft, dafür zu kämpfen. In den vergangenen Jahren war das politische und sozialkritische Lied in Deutschland fast vom Aussterben bedroht. Es war ein Klima, in dem versucht wurde, Menschen, die sich engagiert haben, ins Lächerliche zu ziehen. Die Leute dachten: Das braucht es nicht, uns geht's ja gut. Jetzt aber wissen wir: Es geht uns bei Weitem nicht so gut, wie es den Anschein hatte, und es wird sicherlich noch viel härter kommen. Die Menschen haben Angst um ihre Rente, um ihre Jobs. Sie wissen um Hartz IV, um die Macht der Banken, die Machtlosigkeit der Politik gegenüber den Konzernen. Und wir alle

**Sage Nein**
Im Jahr 2003, einige Wochen vor Kriegsbeginn im Irak, flog der Sänger gemeinsam mit Friedensaktivisten, Ärzten und Journalisten nach Bagdad, um gegen den drohenden Krieg zu protestieren und ein gemeinsames Zeichen für den Frieden zu setzen. Hier mit seinem irakischen Patensohn Amir.

**Abschalten!**
Mit einigen Passagen aus Stéphane Hessels Essay will Wecker auf der Passauer Demonstration gegen Atomkraft im Februar 2011 aufrütteln – nur 16 Tage vor der folgenschweren Explosion im japanischen Atomkraftwerk Fukushima.

mussten hilflos die großen Menschheitskatastrophen der letzten Zeit mit ansehen. Das hat viele Leute erschüttert und aufgerüttelt. Immer mehr Menschen engagieren sich daher wieder. Ich habe mal auf der Bühne gesagt: »Leute, vor 40 Jahren bin ich angetreten, um die Welt zu verändern, und jetzt schaut euch mal die Welt an. Ich war's nicht!« Und fügte hinzu, dass es mich schon frustriert, dass ich mit meinem Engagement anscheinend nichts bewirkt hätte. Anschließend bekam ich viele Mails und Briefe von Menschen, die mir versicherten, dass ich sehr wohl jede Menge bewirkt habe, denn ich hätte ihnen Mut gemacht, sich zu engagieren und niemals aufzugeben.

Wenn wir für eine bessere Welt eintreten, sollte dies aus dem Wunsch heraus geschehen, eine liebevollere Gesellschaft zu schaffen. In mir ist die tiefe Sehnsucht nach einem rücksichtsvollen Miteinander der Menschen. Und wenn wir eine gerechtere Welt wollen, müssen wir zuallererst lernen, anders miteinander umzugehen. Denn nur in einer liebevollen Welt können wir Menschen gemeinsam leben. Und nur wenn wir einen zärtlichen Umgang miteinander entwickeln, werden wir auch zu einem behutsamen Umgang mit der Natur zurückfinden, der uns in den Zeiten des neoliberalen Kapitalismus abhanden gekommen ist. Dieses Herrschaftssystem trägt eine zerstörerische Kraft in sich. Nirgends konnten wir dies deutlicher und dramatischer miterleben als in der entsetzlichen Atomkatastrophe in Japan. Wir brauchen doch nur auf das schauen, was wir derzeit der Erde und den Menschen antun. Die Herrschenden wollen uns ja immer einreden, dass eine Welt voll von Kriegen und Gewalt normal sei. Wir leben in einer Welt der wenigen Superreichen und der von Millionen armer Menschen, die um ihr Überleben kämpfen. Jeden Tag verhungern 50.000 Kinder, während die 500 reichsten Menschen der Welt über die Hälfte des Besitzes der Menschheit verfügen. Das muss doch das falsche System sein! Und die Vertreter des Neoliberalismus wagen es doch tatsächlich uns weiszumachen, dass diese Rücksichtslosigkeit in der Natur des Menschen läge. So einen Unsinn lasse ich mir nicht einreden. Ich glaube gemeinsam mit vielen anderen Menschen daran, dass der Mensch nicht des Menschen Feind ist, kein Wolf unter Wölfen, wie uns die neoliberalen Werbestrategen so gerne aufzuschwatzen versuchen. Der Mensch ist ein empathisches Wesen, fähig zu Mitgefühl und Liebe, fähig dazu, in sich selbst das Tao zu entdecken, das Göttliche, und alles Vereinende zu empfinden. In einer Welt jedoch, in der das Ökonomische Geist und Körper beherrscht, ein gnadenloser Tyrann, ein Götze, der keine Götter neben sich duldet, wird es immer schwerer, die Menschlichkeit im eigenen Herzen zu bewahren. Diese Rücksichts-

**Das Schicksalsjahr Japans**
Am 11. März 2011 ereignete sich das bislang stärkste Erdbeben in Japan, das Auslöser für zwei weitere Katastrophen in der Region war: eine Tsunami-Flutwelle, die viele Menschen mit in den Tod riss, und mehrere folgenschwere Unfälle in den Kernkraftwerken Fukushima.

losigkeit, in die uns unser Wirtschaftssystem und unsere vom Wettbewerb dominierte Gesellschaft getrieben haben, hat uns schon lange durchdrungen. Auch wenn wir uns zu den Mitfühlenden, Engagierten und Wachen zählen – die letzten Jahrzehnte der hemmungslosen Egozentrik sind auch an uns nicht spurlos vorübergegangen. Sind wir überhaupt noch dazu in der Lage, mit den leidenden Menschen in der Welt aufrichtiges Mitgefühl zu empfinden? Oder ist uns dies bereits abhanden gekommen, verdrängt von Egoismus und Besitzgier, Kaufrausch und Wettbewerb, immer auf der Suche, auch in der schlimmsten Situation noch ein privates Schnäppchen, welcher Art auch immer, zu ergattern? Deshalb habe ich in meinen Liedern und Texten dazu aufgerufen, dass wir uns nicht nur politisch, sondern tief in uns selbst verändern müssen. Wie viel es in mir selbst noch aufzubrechen und zu verändern gibt, führte mir die entsetzliche Katastrophe in Japan deutlich vor Augen. Diese Katastrophen müssen uns wachrütteln! Und zwar nicht nur politisch, sondern ebenso in unserer ganzen persönlichen Lebensweise. Sie müssen uns daran erinnern, dass wir nicht nur wirtschaftlich mit Ländern am anderen Ende der Welt verzahnt, sondern zugleich mit allen Menschen dort und überall zutiefst verbunden sind. Es gibt kein Leid in dieser Welt, das nicht auch unser Leid wäre, kein Leid, das nicht auch von uns mitverursacht wurde und für das wir nicht verantwortlich wären. Wenn wir den Neoliberalismus der Gegenwart weiterhin so ungebrochen weiterregieren lassen, wird er die Menschlichkeit vielleicht tatsächlich noch ausrotten. Wir müssen uns doch nur anschauen, mit welcher Hemmungslosigkeit große Konzerne Menschen entlassen, einzig und ausschließlich, um den eigenen Gewinn zu maximieren.

**Nie wieder Faschismus!**
Mit einem Solidaritätskonzert unterstützte der Künstler die Demonstrationen und Sitzblockaden gegen den geplanten Aufmarsch der Neonazis in Dresden im Februar 2011. Der Protest Tausender von Menschen verhinderte den Aufmarsch und setzte ein deutliches Zeichen gegen Faschismus.

Mehr denn je bedarf es der Utopie einer herrschaftsfreien und gewaltfreien Gesellschaft, mehr denn je braucht es unsere Entschlossenheit, diese gemeinsam mit anderen Menschen zu leben und weiterzuentwickeln, auch und gerade deshalb, weil wir in einer Welt leben, in der diese Utopie nicht so einfach morgen oder übermorgen Wirklichkeit werden kann. Und ich bin davon überzeugt, dass für alle, die sich eine andere Welt vorstellen können und die in sich selbst und im Außen daran arbeiten, jetzt Zeiten von großen positiven Transformationen anbrechen. Die alte Welt geht ihrem Ende entgegen – sie war sowieso nie die beste aller möglichen Welten. Ich sehe eine neue Generation von Suchenden, die auf dem Weg zu einer lebenswerten Zukunft sind. Und ich spüre einen starken globalen Rückenwind, mit dem kaum mehr zu rechnen war. Wir nähern uns dem, was Ken Wilber das »weltzentrische Stadium« nannte, in dem wir weniger von unseren egozentrischen Gefühlen dominiert werden, sondern in dem es uns bewusst wird, dass wir mit der ganzen Welt verbunden sind. Eine wirklich neue, friedliche Politik basiert auf einer spirituellen Weltsicht. Eine Spiritualität, die alle Grenzen der Religionen aufhebt, weil sie das Göttliche nicht auf Altären sucht, sondern im Menschen selbst. Wir müssen wieder zu sprechen bereit sein von der Untrennbarkeit des Menschen von der Welt, der Verbindung unserer biologischen Existenz mit dem Universum, unserer Verbundenheit mit allem, was lebt. Wir müssen wieder zu sprechen beginnen von der Liebe und der Schönheit des Daseins. Und ich weiß, dass es viele Menschen gibt, die dazu bereit sind und dies bereits tun. Es ist an der Zeit, die Weisheitslehren aus Ost und West in unser aktives Handeln für eine gerechtere Welt zu integrieren. Es ist an der Zeit, die Kriege zu beenden, die Kriege in unseren Herzen, in unseren Köpfen und die auf den Schlachtfeldern.

*EMPÖRT EUCH!*

*Sie sind wie wir. Doch sind sie es nicht gerne.*
*Sie machen sich nicht gern mit uns gemein.*
*Sie schikaniern uns lieber aus der Ferne*
*und wollen gleich nur unter ihresgleichen sein.*

*Wir zahlen Steuern und sie setzen ab.*
*Wir legen Hand an und sie spekuliern.*
*Und halten unsre Ängste klug auf Trab,*
*damit wir nichts kapieren beim Verliern.*

*Sie sind die Reichen. Manchmal auch die Schönen.*
*Sie reden Unsinn und der wird gern publiziert.*
*Sie faseln gern von viel zu hohen Löhnen*
*und dass das unsre Wirtschaft ruiniert.*

*Die Börse jubelt, wenn sie die entlassen,*
*die ihnen ihren Reichtum eingebracht.*
*Gerichtlich sind sie eher nicht zu fassen,*
*denn die Gesetze sind für sie gemacht.*

*Empört euch*
*beschwert euch*
*und wehrt euch*
*es ist nie zu spät!*

*Empört euch,*
*gehört euch*
*und liebt euch*
*und widersteht!*

*Die Visionäre sparn sich kühnere Entwürfe,*
*selbst die Satiren wirken blutleer, wie kastriert.*
*die Demonstranten fragen scheu, was sie noch dürfen,*
*und an der Börse wird ein Gesslerhut platziert.*

*Die Menschenwürde, hieß es, wäre unantastbar,*
*jetzt steht sie unter Finanzierungsvorbehalt,*
*ein Volk in Duldungsstarre, grenzenlos belastbar,*
*die Wärmestuben überfüllt, denn es wird kalt.*

*Den meisten ist es peinlich noch zu fühlen*
*und statt an Güte glaubt man an die Bonität,*
*man lullt uns ein mit Krampf und Kampf und Spielen,*
*schaun wir vom Bildschirm auf, ist es vielleicht zu spät.*

*Die Diktatur ist nicht ganz ausgereift, sie übt noch.*
*Wer ihren Atem spürt, duckt sich schon präventiv.*
*Und nur der Narr ist noch nicht ganz erstarrt, er übt noch*
*und wagt zu träumen, deshalb nennt man ihn naiv.*

*Empört euch,*
*beschwert euch*
*und wehrt euch*
*es ist nie zu spät!*

*Empört euch,*
*gehört euch*
*und liebt euch*
*und widersteht!*

*Wir brauchen Spinner und Verrückte,*
*es muss etwas passiern.*
*Wir sehen doch, wohin es führt,*
*wenn die Normalen regiern.*

*Empört euch,*
*gehört euch*
*und wehrt euch*
*es ist nie zu spät!*

*Empört euch*
*und wehrt euch*
*und liebt euch*
*und widersteht!*

# Mitgefühl und Weisheit

## »Was ist das Beste, was du jetzt tun kannst?«

### Der Zen-Meister

Wo immer der Zen-Meister Bernard Glassman auftaucht, fragen ihn die Menschen: »Was können wir denn konkret tun, um Leid, Hunger und Ungerechtigkeit in der Welt zu beenden?« Die lebenspraktische Antwort darauf ist charakteristisch für die zupackende Art des Zen-Aktivisten: »Nutze das, was du hast, und tue, was du in diesem Augenblick tun kannst.« Denn jeder Mensch, davon ist Bernie Glassman überzeugt, trägt Fähigkeiten und Talente in sich, mit denen er einen wichtigen Beitrag für die Welt leisten kann.

Mit seinem Lebenswerk legt der 72-Jährige eindrückliches Zeugnis davon ab, dass ein spiritueller Weg nicht in die Weltabgewandtheit führt, sondern sich im aktiven und engagierten Eintreten für unsere Mitmenschen beweist. Zu Recht gilt er als einer der weltweit wichtigsten Wegbereiter und Vertreter eines sozial engagierten Buddhismus.

Bereits in den 60er-Jahren begann der Sohn jüdischer Einwanderer mit einer traditionellen und umfangreichen Zen-

**»Just call me Bernie.«**
Lieber als mit seinem buddhistischen Titel Bernard Tetsugen Glassman Roshi lässt sich der amerikanische Zen-Meister mit seinem Vornamen anreden: »Ich möchte keine Verehrung.« Der Gründer der Zen-Peacemaker hat sich ausgehend von einer strengen, traditionell japanischen Zen-Schulung zu einem der wichtigsten Vertreter einer sozial engagierten Spiritualität entwickelt.

Schulung bei Taizan Maezumi Roshi, einem der ersten japanischen Meister, der Zen in die USA brachte. Von ihm wurde er 1995 als Zen-Meister anerkannt und nach dessen Tod zu seinem Nachfolger benannt. Innerhalb der Zen-Welt gilt Glassman Roshi als einer der bedeutendsten zeitgenössischen Zen-Meister des Westens und zugleich als einer der kreativsten Köpfe und rebellischsten Freigeister des Zen.

Entschieden erteilt er der weitverbreiteten spirituellen Überzeugung, dass man erst durch Meditation zum inneren Frieden gelangen müsse, bevor man sich für den Frieden in der Welt einsetzen könne, eine deutliche Absage. Durch seine aktive Friedensarbeit erkannte er, dass es das Engagement für eine friedliche Welt ist, das entscheidend zum inneren Frieden des Menschen beiträgt. Diese Überzeugung führte ihn zur Gründung der »Zen-Peacemaker«, eines international aktiven Friedensnetzwerkes, dessen Mitglieder sich verpflichtet fühlen, ihre spirituelle Praxis durch aktives Handeln in die Welt einzubringen.

Sein Weg führte ihn hierfür aus den stillen Zen-Zentren direkt in die Elendsviertel der Großstädte. Unermüdlich setzt er sich seit Jahrzehnten für seine Mitmenschen ein. Er ist Initiator vieler sozialer Projekte – Obdachlosen- und Gefangenenprojekte, Aids-Hospize und Kinderbetreuungsstätten – und Gründer gemeinnütziger Organisationen. Mit dem Aufbau der Greyston-Bäckerei im Bundesstaat New York setzte er einen Meilenstein für soziales Unternehmertum und bewies, dass selbst die scheinbar völlig Gescheiterten des neoliberalen Gesellschaftssystems – Obdachlose, Langzeitarbeitslose, Drogensüchtige – eine Chance zur Integration in den Arbeitsprozess haben, wenn ihnen Menschlichkeit und Wertschätzung entgegengebracht werden. Das Greyston-Projekt hat mittlerweile Vorbildcharakter für gemeinnützige Unternehmen und seine sozial-ökonomischen Grundlagen werden an den amerikanischen Elite-Universitäten Harvard, Yale und Princeton gelehrt.

Mitgefühl und Weisheit – die beiden Grundpfeiler des Zen – erlangen wir am besten in der unmittelbaren Begegnung mit dem Leid anderer Menschen. Davon ist der Zen-Meister überzeugt und hierfür bedient er sich ungewöhnlicher Methoden, um seine Schüler zu dieser Erfahrung zu führen. In seinen Straßen-Retreats geht er mit ihnen los, ohne Geld und nur mit dem bekleidet, was sie am Leibe tragen, für eine Woche das Schicksal von Obdachlosen zu teilen. Durch diese Erfahrung, gänzlich ungeschützt und zum Überleben auf die Hilfe anderer angewiesen zu sein, erfahren sie mehr über Mitgefühl als in vielen Stunden auf dem Meditationskissen. Nie mehr, so sagen Teilnehmer danach, würden sie seitdem gedankenlos an einem obdachlosen Menschen vorübergehen. Gewachsen sei auch ihr Gefühl von Verantwortung für andere und die Bereitschaft, für Humanität und Gerechtigkeit einzutreten.

Im europäischen Raum ist Bernie Glassman vor allem durch seine jährlichen Auschwitz-Retreats bekannt geworden. Gemeinsam mit Menschen aus aller Welt, zusammen mit den Kindern und Enkelkindern der Opfer und Täter, meditiert er an diesem Ort des Grauens, der für ihn, den Sohn deutschstämmiger Juden, nicht nur ein Ort ist, der nach Heilung ruft, sondern der zugleich auch Heilung möglich macht: »Auschwitz ist ein unerbittlicher Lehrmeister, der Menschen in Situationen führt, in denen sie gar nicht anders können als zu lernen und zu verstehen.«

Bernie Glassman ist ein treibender Generator für die Gestaltung einer gerechteren Welt, ein Brückenbauer zwischen Spiritualität und gesellschaftspolitischem Engagement, ein begnadeter Networker, der Menschen unterschiedlichster Religionen, Kulturen und Gesellschaftsschichten für seine Ideen und Visionen zu begeistern vermag. Immer ruft er Menschen zum unmittelbaren Handeln und zum Leben im Jetzt auf. »Was ist das Beste, was du jetzt tun kannst?«, fragt er Ratsuchende, die angesichts des überwältigenden Leids in der Welt oft nicht mehr wissen, was sie tun sollen. Dieser Frage stellt sich der 72-Jährige selbst jeden Tag aufs Neue. Unermüdlich reist er durch die Welt, um Menschen in Seminaren und Vorträgen mögliche Antworten auf ihre drängenden Fragen zu geben und die Grundlagen eines tätigen und angewandten Mitgefühls zu lehren.

# Auf dem Weg zu Mitgefühl und Weisheit

Bernie Glassman

## *Es geht ums Tun*

Mittels einer spirituellen Praxis, die sich in den Dienst am Mitmenschen stellt, können wir unsere Trennung von der Welt überwinden. Denn viel zu oft erleben wir uns als getrennt von der Welt. Wenn uns auf der Straße ein Obdachloser anspricht und wir die Augen abwenden, dann ist das Ausdruck dieser Trennung. Wir halten Menschen von uns fern und zwar deshalb, weil sie nicht unserer Vorstellung davon, wie sie leben sollten, entsprechen.

Und selbst wenn wir uns dafür entscheiden sollten, obdachlosen Menschen zu begegnen, kann es sein, dass wir nach wie vor diese Trennung aufrechterhalten. Denn wenn wir eine Suppenküche betreten, sehen wir Dinge, mit denen wir normalerweise nicht konfrontiert werden. Wir treffen auf Menschen, die sich schon seit Tagen nicht mehr gewaschen haben, auf Männer, die bereits um sechs Uhr früh betrunken sind und lautstark miteinander streiten. Wenn wir die Vorstellung haben, dass alle Menschen sauber, nüchtern und höflich sein sollten, dann werden wir angesichts dessen enttäuscht oder wütend sein. Es sind also unsere Vorstellungen davon, wie die Welt und die Menschen sein sollten, die uns von der Welt und den Menschen, so wie sie tatsächlich sind, trennen.

Doch wissen Sie, was geschehen könnte, wenn Sie mit einem dieser Männer ein Gespräch beginnen? Sie würden viel-

**Street Zen**
Die traditionellen Zen-Übungen erweiterte Bernie Glassman um die radikale Form der Straßen-Retreats: Die Teilnehmer führen eine Woche lang das Leben von Obdachlosen auf den Straßen der Großstadt. Ohne Geld und nur mit der Kleidung, die sie auf dem Leib tragen, liefern sie sich der Situation der völligen Unsicherheit aus. Wer diese Erfahrung einmal gemacht hat, wird, so Glassman, nie mehr gleichgültig an einem Obdachlosen vorbeigehen.

leicht erstaunt feststellen, dass er in Mathematik promoviert hat und dass er Ihren Kindern bei ihren Mathe-Problemen helfen könnte. Vielleicht finden Sie auch heraus, dass Sie beide den gleichen Jazzmusiker bewundern und während er mit Ihnen über die Trauer um seinen kürzlich an Aids verstorbenen Freund spricht, erinnern Sie sich an einen geliebten Menschen, den Sie selbst vor kurzem verloren haben.

Wenn Sie sich dafür entscheiden, den Ausgegrenzten dieser Welt beizustehen, werden Sie unweigerlich mit Leid konfrontiert. Gut möglich, dass das Erlebte Sie sehr aufwühlen wird und dass Sie noch darüber nachgrübeln werden, selbst wenn

Sie die Suppenküche schon lange verlassen haben. Und wenn Sie nach Hause kommen, werden Sie vielleicht Ihre gesamte Familie verärgern, weil Sie diese mit Ihren Eindrücken überschütten und dabei versäumen, Ihren Kindern und Ihrem Partner oder Ihrer Partnerin die Aufmerksamkeit entgegenzubringen, die diese nun bräuchten. Dies ist eine Form von sozialem Engagement, die Sie direkt in den Burn-out führen kann.

Wie können wir das verhindern? Wir können für andere Menschen ganz da sein, ohne jedoch von dem, was wir dabei erleben, aufgerieben zu werden. Wenn wir uns für andere Menschen engagieren, öffnet sich unser eigenes Herz. Dies macht es uns möglich, in jeder Situation ganz gegenwärtig zu sein, sei es in der Suppenküche, im Kreise unserer Familie oder wenn wir alleine sind. Seien Sie ganz offen für die Freude und das Leid, das andere Menschen mit Ihnen teilen. Lassen Sie sich von deren Freude und deren Leid bis auf die Haut durchtränken – lassen Sie es durch sich hindurchfließen und lassen Sie es wieder los. Auf diese Art und Weise können Sie Freude und Traurigkeit empfinden, ohne dass dadurch Ihre eigene Furcht aktiviert wird.

Wenn Sie anderen Menschen beistehen und dies in einer Haltung der inneren Präsenz und Gelassenheit tun, dann werden Sie unweigerlich tiefe Erfüllung und menschliche Ganzheitlichkeit erfahren. Indem Sie dazu bereit sind, die eigene Komfortzone hinter sich zu lassen und damit auch vorgefasste Vorstellungen aufgeben, vertiefen Sie Ihre eigene spirituelle Praxis. Sie legen Zeugnis ab von der Freude und dem Leid um Sie herum und tragen damit zur Verminderung des Leidens in der Welt bei. Es gibt viele Möglichkeiten, innere Präsenz und Gelassenheit auszubilden; Meditation und Gebet können uns dabei entscheidend unterstützen. Indem wir die Einheit des

Lebens und unsere Verbindung mit dem Göttlichen erfahren, erfahren wir die Vollkommenheit der Welt, so wie sie ist, und erhalten zugleich die Kraft, sie durch aktives Handeln lebenswerter für alle Menschen zu machen.

## *Wie alles begann – Die frühen Jahre in Brooklyn*

Ich wurde 1939 als jüngstes Kind einer jüdischen Familie in Brooklyn, New York, geboren. Mein Vater war aus Rumänien nach Amerika gekommen und meine Mutter aus Polen eingewandert. Er arbeitete als Schriftsetzer in einer Druckerei und erzählte manchmal stolz davon, wie er einst Leo Trotzki getroffen hatte. Die Mitglieder unserer Familie waren keine gläubigen Juden, im Gegenteil: Die meisten waren Kommunisten und Sozialisten, die mit Religion nicht viel am Hut hatten. Meine Mutter war in unserer Nachbarschaft sehr beliebt und die Leute kamen oft zu uns, was sicherlich auch ihrer Kochkunst zu verdanken war. Als ich sechs Jahre alt war, begann sie über Schmerzen im Unterbauch zu klagen. Sie ging zu einem Arzt, der nichts finden konnte. Die Schmerzen aber blieben und zwei Jahre später wurde Darmkrebs im Endstadium diagnostiziert. Sie wurde ins Krankenhaus gebracht und blieb dort für lange Zeit. Da erkannte ich, dass etwas schief läuft. Kinder durften damals nicht ins Krankenhaus zu ihren Eltern und schon gar nicht, wenn diese im Sterben lagen. Am Besuchstag sagte man mir, ich solle mich vor das Krankenhaus stellen und zu einem bestimmten Fenster hinaufschauen, von dem aus sie mich sehen und mir zuwinken konnte. Es gelang mir jedoch nie, sie zu sehen.

Sie kam schließlich nach Hause, um zu sterben. Meine älteren Schwestern pflegten sie, so gut sie konnten. Mein Vater hingegen zog sich völlig von ihr zurück. Wenige Monate später starb sie. Ich durfte am Begräbnis nicht teilnehmen. Meine Schwestern trauerten sehr um meine Mutter, während mein Vater sich weigerte, über ihren Tod zu sprechen und ihren Verlust zur Kenntnis zu nehmen. Er bestärkte mich jedoch darin, zur Synagoge zu gehen und so ging ich in den nächsten Monaten jeden Abend in die Synagoge und sprach dort mit den Männern das Kaddish, das jüdische Gebet für die Toten.

Bereits mit zehn Jahren begann ich zu arbeiten, da wir immer wenig Geld hatten. Ich lieferte Wäsche aus, sammelte Pfandflaschen und verkaufte Hot Dogs und Eis am Strand von Coney Island. Für einige Zeit betrieb ich sogar einen kleinen Fernseh- und Radioreparaturladen in meinem Zimmer. Die elektrischen Kleinteile, die ich dafür brauchte, stahl ich aus den großen Kaufhäusern Manhattans.

Bereits von früher Jugend an beschäftigte mich die Frage nach der Existenz Gottes. Ich las die großen Schriftsteller und Philosophen, insbesondere Tolstoi und Dostojewski und die Existentialisten, um Beweise für oder gegen die Existenz Gottes zu finden. Ich setzte mich auch intensiv mit den Lehren des Judentums auseinander, vor allem mit den mystischen Strömungen wie dem Chassidismus. Einige Zeit trug ich mich ernsthaft mit dem Gedanken, selbst ein Chassid zu werden, konnte und wollte mich jedoch nicht mit den strengen Geschlechterrollen anfreunden. Als mir eines Tages das Buch von Huston Smith *Die sieben großen Religionen der Welt* in die Hände fiel, las ich erstmals etwas über den Zen-Buddhismus. Es waren nur wenige Seiten, doch mit dem Lesen überkam mich das überwältigende Gefühl, heimgekommen zu sein. Zen lehrt die Selbsterkenntnis, indem man das Leben bewusst so erlebt, wie es sich von Moment zu Moment vollzieht und Zufriedenheit in den ganz gewöhnlichen Ereignissen des alltäglichen Lebens findet. Dies erschien mir zutiefst vertraut und ich hatte das Gefühl, Zen schon immer praktiziert zu haben, obwohl ich durch dieses Buch erstmals Bekanntschaft damit machte. Am Zen-Buddhismus beeindruckten mich auch die Offenheit und die Anpassungsfähigkeit an die moderne Zeit. Ich begann alle Bücher über Zen zu lesen, die ich finden konnte. Das waren damals noch nicht viele und nur wenige beschrieben die zentrale Zen-Praxis, die Sitzmeditation.

1960 schloss ich mein Studium als diplomierter Luftfahrt- und Weltraumingenieur ab und bekam meinen ersten Ingenieurposten bei McDonnell-Douglas, einem der großen Flugzeugbauer Amerikas, der bereits an der Entwicklung von Weltraumsatelliten beteiligt war. Bald schon wurde ich zum Oberingenieur ernannt und leitete die Teams anderer Ingenieure. Zu dieser Zeit begann ich zu meditieren. Ich saß jeden Morgen, bevor ich zur Arbeit ging. Oft meditierte ich auch an den Wochenenden in unserer Garage und immer öfters kamen interessierte Freunde hinzu. Daneben war ich auch an anderen religiösen und spirituellen Traditionen interessiert. Besonders faszinierte mich die indische Philosophie des Vedanta und ich schloss mich manchmal der Gruppe um den indischen Lehrer Krishnamurti an. Mir wurde bewusst, dass das gemeinsame Ziel all dieser verschiedenen spirituellen Traditionen darin bestand, dem Menschen die Begegnung und Erfahrung mit dem Einen zu ermöglichen, egal, auf welchem Wege er sich diesem nähert.

Für mich selbst schien die Sitzmeditation der geeignete Weg zu sein, um mich diesem Einen zu nähern. Und vielleicht hätte ich mich nie einer bestimmten Tradition verpflichtet, wäre ich nicht 1963 nach einer Meditation einem jungen Mönch aus Japan begegnet. Beim gemeinsamen Teetrinken fragte ich den Zen-Abt nach dem Sinn der Gehmeditation zwischen den Sitzzeiten. Er blickte auf diesen jungen Mönch, der ihm assistierte, und forderte ihn dazu auf, meine Frage zu beantworten. »Wenn wir gehen, dann gehen wir einfach«, sagte dieser. Die Einfachheit dieser Antwort traf mich tief. Das war die erste Begegnung mit meinem zukünftigen Lehrer Taizan Maezumi.

**Eine folgenreiche Begegnung**
Geboren 1939 in Brooklyn, NY, wuchs Glassman als Sohn jüdischer Einwanderer auf. Er studierte Luftfahrttechnik und machte seinen Doktor in Angewandter Mathematik, bevor er Ende der 60er-Jahre auf Taizan Maezumi traf, einen der ersten Zen-Lehrer, die westliche Schüler annahmen.

Wie wichtig es auf diesem Weg sein kann, einen Lehrer zu haben, wurde mir durch eine Erfahrung sehr deutlich bewusst. Als ich eines Nachts meditierend im Wohnzimmer unseres Hauses saß, überkam mich plötzlich das überwältigende und zutiefst erschreckende Gefühl, mich aufzulösen. Mein Körper, der Raum um mich herum, alles verschwand, und nichts schien mehr von Bestand zu sein. Ich dachte, ich würde meinen Verstand verlieren, und schrie voller Angst. Obwohl sich der Zustand nach einiger Zeit verflüchtigte, blieb die Angst, und ich ließ die ganze Nacht das Licht brennen. Hätte ich damals schon einen erfahrenen Lehrer gehabt, hätte dieser das Ereignis als eine wichtige Erfahrung auf dem Zen-Weg deuten können. Mir jedoch hatte sie eine solche Angst eingejagt, dass ich mich ein ganzes Jahr lang nicht mehr auf mein Kissen wagte.

1966 begann ich mit meinem Lehrer Taizan Maezumi zu praktizieren, erst in einem kleinen gemieteten Haus in Los Angeles, doch bald schon kauften wir ein Grundstück und gründeten das Zen Center von Los Angeles. Maezumi Roshi, wie er später genannt wurde, war einer der wenigen japanischen Lehrer, die trotz der weitverbreiteten japanischen Ansicht, dass es Zeitverschwendung sei, uns Westlern eine solch kultivierte spirituelle Disziplin wie Zen beibringen zu wollen, in die Staaten gekommen war, um genau das zu tun. Seine Familie war tief in der Zen-Tradition verwurzelt und sein Vater ebenso wie seine Brüder leiteten Zen-Tempel in Japan. Er selbst kam jedoch als mittelloser Mönch in die Vereinigten Staaten und verdiente sich über viele Jahre seinen Unterhalt als Gärtner. Bis zu seinem Tod im Mai 1995 widmete er seine gesamte Energie der Verbreitung des Zen im Westen. Er lehrte, dass es im Leben darum geht, sein Selbst loszulassen. Das ist etwas, was wir hier im Westen gar nicht gerne hören, denn wir wollen lieber etwas bekommen und dann daran festhalten. Deshalb suchen wir auch in der Spiritualität nach der richtigen Praxis, der richtigen Religion, dem richtigen Lehrer und der richtigen Lehre. Maezumi Roshi jedoch forderte uns dazu auf, die Suche einzustellen, einfach still zu sitzen und alles loszulassen. Viele Menschen auf dem Zen-Weg beteuern zwar, dass sie dazu bereit wären, doch seitdem ich selbst Lehrer bin, weiß ich, dass es nur wenige Schüler gibt, die in der Lage sind, ihre Überzeugungen, Werte und Grundsätze und damit ihr Ego aufzugeben. Die Rolle von Maezumi Roshi – und die Rolle aller

**Auf dem Weg des Zen**
Kaum ein Nicht-Japaner hat eine derart umfangreiche Zen-Schulung genossen wie Bernie Glassman (links). Im Gegensatz zu seinem Lehrer Maezumi Roshi (rechts) waren viele japanische Zen-Meister davon überzeugt, dass es sinnlos sei, Westlern Zen beibringen zu wollen. 1970 wurde Glassman zum Zen-Priester ordiniert.

Zen-Lehrer – war und ist es daher, geeignete Mittel zu finden, um ihre Schüler an diesen Punkt des Loslassens zu bringen. Ein bewährter Weg hierfür ist die Sitzmeditation, die in allen Zen-Zentren praktiziert wird.

Wir saßen am Morgen, am Abend und an den Wochenenden. Unter Maezumi Roshi übte ich mich in der Atemmeditation (ich zählte meine Atemzüge bis zehn, um dann wieder von vorne anzufangen), in Shikantaza (einer Meditationsform des offenen Gewahrseins) und begann das Koanstudium. Bei Koans handelt es sich um Fragen, Geschichten oder Begebenheiten, die von Zen-Meistern über die Jahrhunderte hinweg gesammelt wurden. Die bekanntesten Koans erzählen von lange zurückliegenden Begegnungen zwischen Lehrern und ihren Schülern, einige beziehen sich auch auf die Lehren und Regeln und allgemeine Lebensfragen. Was alle Koans gemeinsam haben, ist, dass sie nicht durch Denken oder Analysieren zu lösen sind, da sie in sich paradox sind. Ein Koan ist nur dadurch zu lösen, dass man in der Meditation ganz eins wird mit diesem und es aus einem tieferen Wissen heraus beantwortet. Eines der bekanntesten Koans ist das Koan Mu:

*Ein Mönch fragt den Meister Joshu:*
*»Hat ein Hund Buddha-Natur?«*
*Joshu antwortet: »Mu.«*

Nun fragt sich natürlich jeder, der dies liest, zu Recht, was dieses Mu denn sein soll. Doch genau das ist rational nicht zu erklären. Um die Antwort zu finden, müssen wir Mu werden, und um Mu zu werden, müssen wir all unsere gewöhnlichen Methoden des Denkens und Wahrnehmens aufgeben. Ich selbst erfuhr mit diesem Koan eine tiefe Bewusstseinsöffnung. Dies brachte mich zu der Überzeugung, dass es für jeden Menschen das Wichtigste im Leben sei, diese Erfahrung zu machen und zwar je früher, desto besser. Ich wurde daraufhin zu einem regelrechten Fanatiker im Zendo und trieb die anderen Schüler unerbittlich dazu an, ihre gesamte Aufmerksamkeit auf die Zen-Praxis zu richten, ohne dabei in irgendeiner Art und Weise zu berücksichtigen, wie sehr sie bereits durch Familie und Beruf gefordert waren.

Ich selbst entschied mich dazu, mein Leben dem Zen zu widmen und ließ mich 1970 zum Zen-Priester ordinieren. In der Zeremonie scherte mir Maezumi Roshi den Kopf und übergab mir Robe, Schale und die buddhistischen Regeln. Die Zeremonie erfolgte vollständig in Japanisch. Das war auch gut so, denn erst viel später erfuhr ich, dass ich in der Zeremonie gelobt hatte, mein Heim zu verlassen und klösterlich zu leben. Ich selbst hatte zu dieser Zeit eine Frau und zwei Kinder, einen Job als Ingenieur und war weit davon entfernt, dies alles für ein klösterliches Leben aufzugeben.

Und doch stellte für mich und alle Zen-Schüler zu dieser Zeit die klösterliche Tradition das buddhistische Ideal dar. Diese Tradition war von Shakyamuni Buddha selbst begründet worden, der seine Familie und den väterlichen Palast verlassen hatte, um ein Wanderbettelmönch zu werden. Nachdem Shakyamuni zum Erleuchteten geworden war, folgten die Menschen seinem Beispiel und verließen ihre Familien, rasierten sich ihren Kopf und wurden Mönche. Das galt seither als die klassische Bedingung für eine ernsthafte spirituelle Praxis. Und so hatten auch wir modernen Westler, die wir zwar weit davon entfernt waren, so zu leben, die Vorstellung verinnerlicht, dass es für die Erleuchtung notwendig sei, die äußere Welt zu verlassen. Das beinhaltete zwei weitere Grundüberzeugungen: Die erste war, dass man über viele Jahre ernsthaft praktiziert haben und auf einer hohen Bewusstseinsstufe angekommen

**Von der Meditationshalle auf die Straße**
Während sich Bernie Glassman im Rückblick auf seine frühen Jahre als Zen-Lehrer selbst als Fanatiker im Zendo bezeichnet und seinen Schülern eine rigide Meditationspraxis abverlangte, entwickelte er sich Schritt für Schritt zum Kopf einer Bewegung, die soziales Engagement als Ausdruck spiritueller Praxis versteht. Im Bild Bernie Glassman links beim Dokusan, einem Gespräch zwischen Lehrer und Schüler.

sein müsse, bevor man für die Welt von Nutzen sein könne. Daher lag der Schwerpunkt in der Zen-Praxis auf der Erfahrung der Einheit durch Meditation. Um diese zu erlangen, galt ein hartes und unerbittliches Training als unabdingbar. In der Meditationshalle kam es immer wieder vor, dass die Zen-Schüler vor Schmerzen ächzten und schrien und mit dem Kopf gegen die Wand schlugen. All das, um Kensho zu erfahren – die Erleuchtung!

Die zweite Grundannahme im Zentrum war, dass man kein ernsthaft Praktizierender sein könne, wenn man Familie und Beruf hatte. Das wurde natürlich nie offen ausgesprochen, denn keiner von uns führte ein klösterliches Leben. Maezumi Roshi selbst heiratete 1970 zum zweiten Mal und hatte drei Kinder. Doch wir versuchten, unser Alltagsleben so weit als möglich mit dem buddhistischen Ideal des Mönchs, der alles hinter sich gelassen hatte, zu vereinbaren. Wir unterwarfen uns einem rigiden und ungemein strengen Tagesablauf. Ich selbst verließ in diesen Jahren mein Zuhause morgens um vier Uhr, um an der frühen Morgenmeditation im Zendo teilzunehmen. Danach fuhr ich eine Stunde zu meiner Arbeitsstelle und gleich nach der Arbeit wieder ins Zentrum zur Abendmeditation. Nach meiner nächtlichen Heimkehr fiel ich meist erschöpft ins Bett, um am nächsten Morgen wieder vor dem Morgengrauen aufzustehen. Wir alle fühlten uns zu dieser Zeit zwischen den Idealen eines monastischen Lebens und den täglichen Anforderungen von Berufs- und Familienleben förmlich zerrissen.

Als Konsequenz daraus zog ich 1972 mit meiner Familie ins Zen-Center von Los Angeles und verließ meinen Job bei McDonnell-Douglas. Zen boomte zu dieser Zeit und das Zentrum wuchs rapide. Wir kauften Wohnungen, um die vielen Menschen, die zu uns kamen, unterbringen zu können, und erwarben Land für ein Bergkloster südlich von Los Angeles. Wir fühlten uns als Pioniere einer neuen Bewegung in Amerika und sahen unsere Aufgabe darin, den Zen-Buddhismus und seine aus Japan stammenden Rituale und Praktiken im Westen zu etablieren. Wir waren alle sehr engagiert und begeistert von unserer neuen Aufgabe. Ich begleitete Maezumi Roshi oft nach Japan und lernte dort, wie die Zeremonien in den Soto-Tempeln durchgeführt wurden, um sie dann in Amerika auszuführen. Ich war ein leidenschaftlicher Koan-Schüler und löste in dieser Zeit an die 1000 Koans. Maezumi Roshi forderte mich sehr, denn er hatte mich als seinen Nachfolger auserwählt und wollte mich so gut ausbilden und vorbereiten, dass niemand – und vor allem niemand in Japan – die Gültigkeit der Übertragung anzweifeln konnte. Es war ihm wichtig, dass seine Zen-Linie im Osten und im Westen anerkannt wurde. Bei meiner Ordinierung zum Roshi verlieh er mir meinen neuen Namen Tetsugen, der bedeutet, die Mysterien des Lebens völlig durchdrungen zu haben.

## *Eine neue Weite entsteht*

Ich hatte mich in all diesen Jahren voller Ehrgeiz daran gemacht, ein Umfeld von gebündelter Konzentration zu erzeugen, das die Meditierenden darin unterstützen sollte, ihre inneren Barrieren zu durchbrechen und dadurch zur Einheit allen Seins vorzudringen. Um sie in ihrem Streben nach Erleuchtung anzufeuern, machte ich auch ausgiebig vom

»Kyosaku« Gebrauch (ein Holzstock, der in der Zen-Meditation benutzt wird, um schläfrigen oder unachtsamen Schülern auf die Schultern zu schlagen). Jahre später, als ich selbst bereits Lehrer war, sagten mir einige Leute, ich hätte damals so hart auf ihre schmerzenden Schultern geschlagen, dass sie ihre Zen-Praxis aufgaben. Das erschütterte mich und ich schaffte den Stock in unserer Meditationspraxis ab.

Heute weiß ich, dass es im Zen nicht nur um Erleuchtung geht. Erleuchtung ist noch nicht einmal das Wichtigste. Worum es wirklich geht, ist, Einsicht in die Einheit allen Seins und damit von der Verbundenheit des Lebens zu erhalten. Ob diese Einsicht einer unmittelbaren Erleuchtungserfahrung, beharrlicher Meditation oder der Übung im Alltag zu verdanken ist, ist letztlich unwichtig. Erkennen können wir sie daran, wie wir sie in unserem täglichen Leben verwirklichen und umsetzen. Je größer unsere Einsicht ist, desto deutlicher zeigt sie sich in unseren zwischenmenschlichen Beziehungen, unserer Arbeit und unserer Praxis.

Im Zen werden Koans als Hilfsmittel eingesetzt, um zu tiefen Erkenntnissen zu gelangen. Tatsächlich sind sie jedoch nicht nur dazu da, um in die Tiefe, sondern ebenso auch in die Weite zu gehen und dem Koan-Schüler Einsichten aus verschiedenen Blickwinkeln zu vermitteln. Bevor wir mit der Koan-Praxis beginnen, befinden wir uns gleichsam in einem dunklen Raum. Nachdem wir unser erstes Koan Mu gelöst haben, wird es bereits heller. Es ist wie ein einfallender Lichtstrahl. Das heißt nun aber nicht, dass wir fortan keine Probleme mehr hätten. Da wir nun besser sehen können, erkennen wir unsere Probleme sogar deutlicher als zuvor. Indem wir von einer Seite des Raumes und von einer Ecke des Raumes zur

**Dem Geist der Toleranz verpflichtet**
Während einer Gedenkfeier im ehemaligen Vernichtungslager Auschwitz mit den Vertretern verschiedener Religionen.

anderen gehen, können wir die Dinge von verschiedenen Blickwinkeln aus betrachten, die wir zuvor noch nicht hatten. Indem wir immer mehr Details wahrnehmen, die wir zuvor nicht sehen konnten, erweitert sich unsere Perspektive und es wird immer heller in und um uns.

Die Fähigkeit, seine Perspektiven zu erweitern, ist ausgesprochen wichtig. Mein Freund, Rabbi Zalman Schachter-Shalomi, sagte einmal, dass die meisten religiösen Vertreter den anderen Religionen zwar öffentlich ihren Respekt zollen, dass sie aber trotzdem tief in ihrem Herzen davon überzeugt sind, dass ihre Religion die einzig wahre ist. Die gleiche Überzeugung können wir mitunter auch bei Menschen nach einer Einheitserfahrung finden. Niemand lebt in einem Vakuum.

Selbst wenn Menschen auf eine tiefe Bewusstseinsebene durchbrechen, bleiben einige ihrer Konditionierungen davon unangetastet, und das System, in dem sie leben, sei es nun religiöser oder weltanschaulicher Art, wirkt sich immer auch auf ihre Überzeugungen und ihr Verhalten unabhängig von der Einheitserfahrung aus. Ich selbst hatte das Glück, dass mein Lehrer sowohl die Tiefe als auch die Weite der Erfahrung förderte. Obwohl ich mit ganzem Herzen in die Zen-Praxis eintauchte, sah ich diese niemals als anderen religiösen Traditionen überlegen an. Mir war der Toleranzgedanke von früher Kindheit an vertraut und immer hatte ich mich zu Menschen hingezogen gefühlt, die den unterschiedlichsten Ausdrucksformen des Lebens offen gegenüber standen. Mein Zen-Lehrer wusste, dass ich mich niemals von meinem Judentum abgewandt hatte und dass wir jeden Freitagabend in der Familie Sabbat feierten. Chanukka, das Lichterfest der Juden, feierten wir öfters gemeinsam mit Maezumi Roshi, der einmal sogar die Kartoffeln für die traditionellen Pfannkuchen in den Teig rieb. Er hielt gemeinsam mit Rabbi Don Singer einige Wochenendseminare über Judentum und Buddhismus in unserem Zentrum. Für mich liegt genau in dieser toleranten Grundhaltung der Geist des Zen. Der Buddha sagte, dass alle Menschen, so wie sie sind, erleuchtet sind – Juden als Juden, Christen als Christen, Moslems als Moslems, Buddhisten als Buddhisten.

## *Die hungrigen Geister nähren*

Es geschah eines Morgens, als ich mit meinen Kollegen zur Arbeit fuhr. Plötzlich war mir, als würde mir ein Schleier von den Augen gerissen, und ich erfuhr ein tiefes Erwachen. Diese Erfahrung war so gewaltig, dass ich unkontrolliert zu weinen und zu lachen begann. Meine Kollegen waren bestürzt und als wir auf der Arbeit ankamen, war ich nicht dazu in der Lage, irgendetwas zu tun, denn immer noch wurde ich von anhaltenden Wein- und Lachkrämpfen geschüttelt. Im Kern dieser Erfahrung, die sich in immer weiteren Wellen entfaltete, erfuhr ich die Gegenwart dessen, was man in der buddhistischen Psychologie die »hungrigen Geister« nennt – all die Wesen, die an ihren unerfüllten Bedürfnissen leiden. Ich fühlte ihren Schmerz und ihr Leiden, ich hörte ihr Flehen und spürte ihr Greifen nach mir. Ich erlebte ihren Hunger, ihre unstillbare Begierde nach Geld, Macht, Anerkennung, nach Liebe oder auch Erleuchtung. In mir regte sich der unmittelbare Wunsch, diese hungrigen Geister zu nähren. Bis dahin sah ich meine Aufgabe vor allem als Lehrer in der Meditationshalle, doch nun wusste ich, dass mein Ruf mich auf die Straßen führen würde und dass ich dorthin gehen musste, wo der Schmerz am größten war. Diese Erfahrung hat mehr als alles andere meinen weiteren Lebensweg bestimmt. Von da an veränderte sich auch mein bis dahin sehr strenges und hartes Verhalten in der Meditationshalle.

Schon immer hatte ich mich zu dem Sutra »Das Tor zum süßen Nektar« hingezogen gefühlt, dass täglich in vielen Zen-Klöstern rezitiert wird. In diesem werden die verstorbenen Vorfahren an den gemeinsamen Tisch gebeten und mit ihnen alle Wesen dazugeladen, die starben, ohne dass jemand davon Kenntnis nahm – Letzteres das Los vieler obdachloser Menschen in dieser Welt.

> *All ihr hungrigen Geister aus den zehn Richtungen, versammelt euch hier. Ich teile euer Elend und biete euch Nahrung, hoffend, dass sie euren Hunger und Durst stillen möge.*

Die hungrigen Geister zu nähren sollte zur Aufgabe meines Lebens werden. 1979 gründete ich das Zen-Zentrum Greyston in New York und obwohl es in erster Linie ein Meditationszentrum war, wusste ich von Anfang an, dass es die Basis für etwas weit Umfassenderes werden würde: Denn fortan wollte ich meine Praxis und meine Lehre in den Dienst an meinen Mitmenschen stellen. Ich hatte gelobt, das Mahl für alle hungrigen Geister zu bereiten. Und hungrige Geister haben sehr unterschiedliche Bedürfnisse. Manche finden Nahrung in der Koan-Schulung, andere in der Atemmeditation, viele brauchen jedoch erst einmal etwas ganz anderes: ein Essen auf dem Tisch, einen Job, eine Bleibe für sich und ihre Kinder, Unterstützung und Pflege für ihre alten Eltern. Sie haben überhaupt nicht die Zeit zu meditieren, denn ihre Kinder sind hungrig, sie müssen sich einen neuen Job suchen und das Geld für die nächste Miete auftreiben. Aber auch sie sind von dem Wunsch beseelt, ihr Leben zu transformieren. Wie konnte ich mein Gelübde erfüllen und diesen Hunger stillen? Wer war ich, dass ich glaubte, ich könnte für all diese Menschen ein Mahl bereiten? Das herauszufinden sollte von nun an meine Aufgabe werden.

Unser Zen-Zentrum expandierte und viele Menschen wurden meine Zen-Schüler. Von Anfang an waren viele darunter, die keine Buddhisten waren und doch Zen-Lehrer werden wollten, unter ihnen Geistliche aus anderen Traditionen, katholische Pater und Nonnen, jüdische Rabbis ebenso wie islamische Sheiks. Sie alle praktizierten Zen und ich ermunterte sie dazu, Texte und Methoden aus ihrem eigenen religiösen Hintergrund – jüdische Psalmen, Texte der Wüstenväter, Sufigedichte – in ihr Zen-Studium zu integrieren. Die Tatsache, dass ich Vertreter anderer Religionen zu Lehrern ernannte, stieß in konservativen Zen-Kreisen auf Kritik. Doch was lehren wir den Menschen im Zen denn anderes, als die Einheit des Lebens zu erfahren? Und das kann man in einer buddhistischen Robe ebenso wie in einem katholischen Priestergewand oder mit einem jüdischen Gebetsschal.

In unserem Zentrum hielt Pater Kennedy an Sonntagen einen Gottesdienst, Rabbi Singer feierte Sabbatmahl am Freitagabend, die Quäker benutzen die Meditationshalle für ihre wöchentlichen Treffen und wir hielten unsere regulären buddhistischen Übungen an den Werktagen ab. An den Wänden unseres Zentrums hingen ein Bild von Buddha, ein Kreuz und ein jüdischer Lebensbaum. Der Rabbi und Sänger Shlomo Carlbach kam einmal zu uns nach Greyston und sagte: »Meine Aufgabe ist es nicht, Menschen vom Judentum zu überzeugen, meine Aufgabe ist es, die Idee von Gott zu verbreiten.« Auch ich sah meine Aufgabe nicht darin, Menschen zu Zen-Buddhisten zu machen, sondern sie darin zu unterstützen, die Einheit allen Seins zu erfahren.

**Die hungrigen Geister nähren**
Die Greyston Bakery wurde 1982 von Bernie Glassman und seinen Schülern im armen New Yorker Stadtteil Yonkers gegründet, der für hohe Arbeitslosigkeit, Gewalt und Drogen bekannt ist. Seit ihren schlichten Anfängen hat sich die Bäckerei in einen erfolgreichen Betrieb verwandelt, der u.a. für die bekannte Eisfirma Ben & Jerry's produziert. Die Gewinne kommen vor allem den Schwester-Unternehmen der Greyston-Foundation zugute, die bezahlbaren Wohnraum für Obdachlose, Ausbildungsstätten für Arbeitslose, Kindergärten und ein Aids-Hospiz finanziert.

Niemals verlor ich mein Gelübde, die hungrigen Geister zu speisen, aus den Augen. Anfang der 80er-Jahre gründeten wir die Greyston-Bäckerei. Dies sollte die Praxis unserer Gemeinschaft für die nächsten Jahre entscheidend prägen. Indem wir unsere Vollkornbäckerei in Yonkers, einer einkommensschwachen Gegend mit hoher Arbeitslosigkeit und Obdachlosigkeit im Bundesstaat New York eröffneten, kamen wir mit anderen Gesellschaftsschichten in Kontakt. Alkohol- und Drogenabhängigkeit waren hier ebenso an der Tagesordnung wie Gewalt in den Familien und auf den Straßen. Im Obergeschoss der Bäckerei richteten wir einen Meditationsraum ein und hielten an den Wochenenden Retreats ab. Die Besucher konnten dort essen und ihre Schlafsäcke ausbreiten und untertags in der Bäckerei arbeiten. An diesem Ort zu meditieren unterschied sich sehr von den stillen Meditationszentren, die wir bis dahin gewohnt waren. Gegenüber der Bäckerei befand sich eine Farbenfabrik, deren Dämpfe durch unsere Fenster drangen, riesige Trucks zwängten sich lärmend und nach Benzin stinkend durch die engen Straßen und am Abend ertönten lautstark Rap- und Latinoklänge aus den Nachbarhäusern. Neben unserer Bäckerei war ein Nachtclub, der unseren Retreats einen besonderen Charme verlieh, denn dort ging es erst richtig los, wenn wir uns zum Schlafen niederlegten, und die letzten Gäste verließen die Bar, wenn wir bereits wieder zur Morgenmeditation aufstanden. Während wir unausgeschlafen in unseren schwarzen Meditationsroben mit der ersten Tasse Kaffee auf der Veranda saßen, wankten aus dem Nachtclub übernächtigte Männer und Frauen in den unterschiedlichsten Stadien der Trunkenheit heraus. »Wie geht's euch?«, riefen sie herüber und wir riefen zurück: »Gut, und euch?« Wir lebten in bestem Einvernehmen mit den Besuchern der Bar, bis sie einige Jahre später dichtmachte.

Die Bäckerei war ein voller Erfolg und schon bald konnten wir Arbeitskräfte aus der Umgebung einstellen. Damit veränderte sich auch unsere Gemeinschaft, die bis dahin vor allem aus zenpraktizierenden Weißen der bürgerlichen Mittelschicht bestanden hatte. Nun kamen islamische Afro-Amerikaner und katholische Latinos hinzu. Die Frauen trugen bunte Kleider und Tonnen von Make-up und unterhielten sich lautstark über ihre Männer und Kinder und darüber, wie man schnell zu Geld kommen und an wen man sich wenden könne, wenn man aus der Wohnung geworfen wurde. Auf dem ganzen Stockwerk dröhnte Rapmusik, im Sommer war es drückend heiß und im Winter wegen der offenen Ladeklappe bitterkalt. Anfangs hatten wir eine hohe Ausfallquote und chronische Zuspätkommer. Manche Leute erschienen nicht zur Arbeit, weil sie in der Nacht zuvor getrunken hatten, weil sie in eine Schlägerei verwickelt waren oder die Wohnung gepfändet wurde. Viele andere aber waren mit großem Engagement bei der Sache. Die meisten Frauen waren alleinerziehende Mütter und hatten mitunter zwei Jobs am Tag, um sich durchzuschlagen und ihren Kindern eine gute Erziehung zukommen zu lassen. Wenn sie nicht zur Arbeit erschienen, dann meist deshalb, weil eines der Kinder krank war und sie niemanden hatten, der sich um diese kümmern konnte.

In dieser Zeit verließen mich viele der Zen-Schüler, die nicht damit einverstanden waren, dass ich so viel Energie in soziale Projekte steckte, anstatt mit ihnen in der Meditationshalle zu praktizieren. Für sie war das keine seriöse Zen-Praxis, denn diese hatte in traditioneller Sicht auf dem Kissen stattzufinden. In meiner Anfangszeit als Zen-Lehrer hatte ich genauso gedacht. Als John F. Kennedy ermordet wurde, war ich selbst noch ein junger Lehrer und riet meinen eigenen Schülern, die sich politisch engagieren wollten, sie sollten erst ihre spirituelle Praxis intensivieren, denn sonst – so dachte ich damals noch –, würden sie vielleicht das Falsche tun. Heute glaube ich, dass die Ansicht, es gäbe so etwas wie ein »richtiges« oder »falsches« Handeln, uns letztlich nur vom Handeln abhält. Heute sage ich den Leuten: »Schau einfach genau hin und frage, wie du helfen kannst. Was immer du dann auch tust, ist das Beste, was du in diesem Moment tun kannst.«

Ich selbst genoss die gemeinsamen Aktivitäten und die Gespräche mit so vielen unterschiedlichen Menschen. Und ich mochte es, mit meinen Schülern Seite an Seite zu arbeiten anstatt auf einem Podest zu sitzen und ihnen Unterweisungen zu geben.

Außerdem war ich richtiggehend verliebt in Yonkers. In diesem ethnischen Schmelztiegel aus 40 Nationalitäten fühlte ich mich pudelwohl. Ich liebte die Vielfalt, die täglichen Herausforderungen, den offenen Geist der Menschen und ihre Überlebensenergie. Das war meines Erachtens genau die richtige Umgebung, um Zen zu praktizieren.

## *Die Einheit des Lebens erfahren*

Eine Gemeindeorganisation, die mit Obdachlosen arbeitete, bat uns, für ihre Suppenküche zu kochen. Das war unser erster direkter Kontakt als Zen-Gemeinschaft mit den Obdachlosen in Yonkers. Zu dieser Zeit gehörte Yonkers zwar zu einem der reichsten Bundesstaaten der Vereinigten Staaten, hatte zugleich jedoch die höchste Obdachlosenquote im Land. Seit Jahren hatte der Staat versäumt, den Wohnungsbau in dieser Gegend zu fördern. Deshalb stiegen die Mieten unaufhaltsam und Menschen mit geringem Einkommen wurden in immer kleinere Wohnungen abgedrängt, bis sie sich schließlich auch dort die Mieten nicht mehr leisten konnten. Dann brauchte es nicht mehr viel – der Verlust eines Jobs, ein Streit mit dem Beziehungspartner oder der Familie – um auf der Straße zu landen.

Wenn ich auf all die Männer, Frauen und Kinder blickte, die mit ihren Tellern anstanden, um etwas zu essen von uns zu bekommen, erkannte ich, dass unsere Gesellschaft diese Menschen wie Müll behandelt. Indem sie Regeln und Vorschriften erlässt, die darüber bestimmen, was akzeptiert, was marginalisiert und was völlig inakzeptabel ist, werden Gruppen von Menschen geschaffen, die an den Rand gedrängt, ausgestoßen und dann wie Abfall behandelt werden. Für mich wurden diese Ausgestoßenen des Systems zum Teil unserer Sangha, unserer Zen-Gemeinschaft. Diese Gemeinschaft hatte sich innerhalb der vergangenen Jahre bereits stark verändert. Nun kamen die Arbeitslosen und Obdachlosen hinzu, die Kinder aus den Betreuungsstätten und die Kranken des Aids-Hospizes, das wir gegründet hatten. Zu unserer Sangha gehörten diejenigen, die pünktlich zur Arbeit erschienen ebenso wie diejenigen, die nicht pünktlich kamen, diejenigen, auf die wir uns verlassen konnten ebenso wie die, auf die kein Verlass war, diejenigen, die an Erleuchtung interessiert waren ebenso wie die, die nur am Überleben interessiert waren.

Als Zen-Lehrer hatte ich mir viele Methoden angeeignet, die sich in der Meditationshalle als effektiv erwiesen. Aber

**»Wir stellen nicht Leute ein, um Brownies zu backen, wir backen Brownies, um Leute einzustellen.«**
Die Greyston Bakery beschäftigte von Anfang an Menschen, die sonst als unvermittelbar gelten: Obdachlose, Drogenkonsumenten oder alleinerziehende Mütter mit mehreren Kindern. Die Einstellungspraxis läuft auch heute noch nach dem *Open-hiring*-Prinzip: Wer durch die Tür kommt, kann auch einen Job kriegen, ungeachtet seiner bisherigen Erfahrungen.

welcher Methoden bedurfte es, um mit Menschen zu arbeiten, die nicht zum Meditieren kamen? Wie konnte ich all diesen verschiedenen Menschen die Verbundenheit des Lebens lehren? Welche Formen von Praxis galt es hierfür zu entwickeln? Wie konnte ich die alleinerziehenden Mütter in der Backstube erreichen, die Strafentlassenen, die in unserer Versandhalle arbeiteten, die Transportfahrer, die unsere Kuchen auslieferten, die Einwanderer aus aller Herren Länder, die ohne Aufenthaltsgenehmigung bei uns arbeiteten? All diese Menschen betrachtete ich als Teil unserer Sangha, denn wir alle waren gemeinsam auf dem Weg, wir alle waren miteinander verbunden.

Wir gründeten eine neue Organisation, das »Greyston Family Inn«, um Wohnungen für obdachlose Familien zu bauen und deren Existenz zu sichern. Ein Schwerpunkt unserer Organisation wurde es, alleinerziehenden Müttern, die von Sozialhilfe lebten, die Möglichkeit zu geben, finanziell unabhängig zu werden. Viele dieser Frauen stammten aus Familien, die bereits seit einigen Generationen von Sozialleistungen lebten. Der erste Schritt hin zur Erfahrung der Verbundenheit bestand für diese also erst einmal darin, den Schritt in die Unabhängigkeit zu wagen: Kontrolle über ihr eigenes Leben zu erhalten, einen Job zu bekommen, sich unabhängiger zu fühlen, mehr Verantwortung zu übernehmen. Unsere Vision war es, ihnen das bereitzustellen, was sie zum Erreichen dieser Ziele benötigten: qualifizierte Kindertagesstätten, Arbeitsberatungen und Betreuungseinrichtungen für ihre schulpflichtigen Kinder. Diese Angebote, die wir den Frauen machten, waren für mich vergleichbar mit den Atemübungen, die ich meinen Zen-Schülern lehrte. Die Formen der Übung sind für jeden Menschen anders, je nachdem, wo er sich gerade in seinem Leben befindet. Für den einen besteht sie in der Sitzmeditation, für einen anderen darin, pünktlich zur neuen Arbeitsstelle zu kommen, für andere darin, morgens die Kinder anzuziehen und zum Frühstück in die Kindertagesstätte zu bringen. Wir sind alle auf dem gleichen Weg, auch wenn die Art und Weise, wie wir diesen Weg gehen, sich im Außen deutlich unterscheiden mag. Doch was immer wir auch tun, alles kann uns darin unterstützen, die Einheit des Lebens zu erfahren.

Es ist einfach, auf das Leben anderer Menschen zu blicken und festzustellen, was bei ihnen schief läuft. Weit schwieriger ist es, das System zu durchblicken, das die Menschen erst dahin bringt, dass alles in ihrem Leben schief läuft, das ihre Wahlmöglichkeiten und ihre Handlungsfreiheit einschränkt, das sie einzwängt und unter Druck setzt und dann, wenn sie gescheitert sind, wie Müll zur Seite wirft. Über viele Jahre hinweg hatte ich die Zen-Meditation als das Mittel für individuelle Veränderung und Transformation gelehrt. Doch nun sah ich mich mit der Frage konfrontiert: Wie können wir das System, in dem wir leben, verändern? Mein Interesse richtete sich fortan immer mehr darauf, vom System selbst Zeugnis abzulegen. Denn mir war bewusst geworden, dass wir zwar Menschen bewundern, die sich um die Verlierer dieses Systems aufopfernd kümmern, dass wir zugleich aber diejenigen, die das System an sich verändern wollen, umbringen. Großartige Menschen wie Martin Luther King und Mahatma Gandhi wurden ermordet, weil sie in das System eingegriffen und dieses verändert hatten. Ich selbst bin davon überzeugt, dass beides möglich sein muss: sich um die Menschen zu kümmern, die hier und jetzt unsere Hilfe brauchen und sich zugleich für eine Veränderung des gesamten Systems einzusetzen. Wenn wir auf jemanden treffen, der hungrig ist, dann müssen wir ihm zu essen geben. Das spricht uns aber nicht davon frei, uns für ein besseres Sozialsystem zu engagieren, in dem niemand mehr hungern muss.

Manche Menschen werden richtiggehend wütend, wenn sie feststellen müssen, wie viel in dieser Welt im Argen liegt und wie viel es zu verändern gilt. Sie fragen dann ungehalten: »Wie kann ich überhaupt etwas bewirken? Ich habe doch auch nur zwei Hände!« Und ich frage sie dann: »Was ist das Beste, was du jetzt tun kannst?« Solange jeder nur auf seine eigenen begrenzten Möglichkeiten blickt, gibt es immer gute Gründe, sich nicht zu engagieren. Wenn sich jeder Einzelne jedoch als Teil der Welt und damit als die Welt selbst begreift, dann verfügen wir über unendliche Ressourcen.

Hotei, der lachende Buddha, hat hierfür alle wichtigen Dinge in seinem Sack, den er bei sich trägt. Auch wir können unseren Sack mit vielen verschiedenen Werkzeugen füllen, um dann jeder Situation so unvoreingenommen, offen und verantwortungsvoll wie möglich zu begegnen. Um das große Mahl des Lebens zuzubereiten, blickt der Zen-Koch auf das, was er hat, anstatt über das zu klagen, was ihm fehlt. Darin sollten auch wir uns üben: auf das zu blicken, was zu tun ist, und es umgehend zu tun.

Meine Unterweisungen in der Zen-Halle handelten in der Folge immer weniger von den Koans vergangener Jahrhunderte, sondern von dem, was ich gerade eben in den Unterkünften der Obdachlosen erlebt hatte. Diese Menschen waren zu meinem eigenen Koan geworden. Ich kannte ihre Situation, ich fühlte ihr Leid, ich wusste mich tief mit ihnen verbunden – doch wie sollte ich dieses Koan lösen?

**»Nütze, was du gerade zur Verfügung hast.«**
Die Figur des Hotei, auch bekannt als »Glücksbuddha«, geht vermutlich auf einen wandernden Bettelmönch aus dem China des 10. Jahrhundert zurück. Er verkörpert die Tugend der Selbstgenügsamkeit, seine wenigen Besitztümer trägt er stets in einem Sack bei sich. Bernie Glassman: »Wenn du die Einheit und die gegenseitige Abhängigkeit allen Lebens realisiert hast, musst du dich um alle Wesen kümmern, und um das zu tun, musst du mit allen Zutaten des Lebens arbeiten.«

Meine Vision war es, dass unsere Gemeinschaft hierfür in fünf entscheidenden Bereichen tätig sein würde: Meditation, Lernen, Broterwerb, soziales Engagement und interreligiöse Aktivitäten. Um diese Bereiche miteinander zu verbinden, gründeten wir das Greyston Mandala. Wir meditierten gemeinsam, wir entwickelten neue Studienprogramme, gründeten Unternehmen, die dem Broterwerb der Gemeinschaft ebenso wie der Wohlfahrt dienten und wir kooperierten mit den unterschiedlichsten religiösen Organisationen. Mein Ziel dabei war es, die Unterscheidung von dem, was Menschen auf ihrem Meditationskissen erfahren, und dem, was sie in ihrem Alltag tun, aufzulösen. Hui-Neng, der sechste Patriarch des Zen-Buddhismus, sagte, dass wir erst dann wirklich praktizieren, wenn die Subjekt/Objekt-Unterscheidung nicht mehr länger existiert und die Dualität aufgehoben ist. Das heißt, dass die Zenübung überall stattfindet – am Esstisch, auf unserer Arbeitsstelle, in einer Konferenz, auf den Straßen und während eines Spaziergangs ebenso wie auf dem Meditationskissen.

Diese Jahre unseres frühen sozialen Engagements waren für uns alle aufreibend. Es mangelte uns an Geld und Unterstützung und wir verausgabten uns oft weit über unsere Grenzen hinaus. Wir sahen uns mit so viel Arbeit konfrontiert, dass längere Meditations-Retreats nicht mehr möglich waren. Über mich wurde gemunkelt, dass ich, der ehemals so fanatische Meditationsanhänger, meine Schüler nun von der Meditation abhalte. Ich sah es jedoch anders: Die Übung bestand für mich immer mehr darin, unser gesamtes Leben zur Meditationshalle zu machen. Das bedeutete nicht, mit der Meditation aufzuhören, sondern vielmehr ihre Essenz – die innige Verbundenheit – in alle Bereiche unseres Lebens zu bringen.

Zu dieser Zeit begannen auch andere Zen-Priester damit, sich sozial zu engagieren, so etwa mein Freund Issan Dorsey Roshi, der ein Hospiz für Aidskranke in seinem Zenzentrum in San Francisco gründete. Und 1991 war es dann soweit: Die ersten 18 Wohnungen unseres Wohnungsbauprojekts konnten an Familien übergeben werden und auch eine Kinderbetreuungsstätte stand bereit. Sechs Jahre harter Arbeit lagen hinter uns und hatten nun ihre Verwirklichung gefunden.

## *Die Gründung der Zen-Peacemaker*

1995 starb mein Lehrer Maezumi Roshi. Sein Tod markierte das Ende einer Epoche, die mit der Ankunft der ersten japanischen Lehrer im Westen begonnen hatte. Einst hatte Bodhidharma die buddhistischen Unterweisungen von Indien nach China gebracht; Dogen brachte sie von China nach Japan und Maezumi und einige andere haben diese schließlich von Japan in die Vereinigten Staaten getragen und viele Menschen damit in Kontakt gebracht. Nun war es an uns, ihren westlichen Nachfolgern, Zen im Westen zu verbreiten. Niemand wusste das besser als Maezumi Roshi selbst. Er hatte als Japaner die Menschen im Westen mit Zen, seinen japanischen Formen und Ritualen vertraut gemacht. Doch letztlich, das wusste Maezumi Roshi, würde es eines Amerikaners bedürfen, um westliche Ausdrucksformen und Worte für die Zen-Praxis zu entwickeln.

»Nimm von mir, so viel du kannst«, hatte er mir von Anfang an gesagt. »Kau es gründlich, schluck das, was dir als wertvoll erscheint, und spuck den Rest aus.« Genau das tat ich. Ich lernte von ihm in all den Jahren, so viel ich konnte. Als er starb, wurde ich sein Nachfolger als Abt des Zen-Zentrums von Los Angeles und das spirituelle Oberhaupt der White Plum Sangha und damit aller Zentren, die er gegründet hatte. Doch als der Mann, der ich war, ein Jude aus Brooklyn, ein Ingenieur, der aus einem radikal linken Background kam, war klar, dass ich die Zen-Praxis in anderer Form weiterführen würde. Ich sagte meinen Schülern und Dharma-Brüdern, dass ich fortan nicht mehr mit meinem Ehrentitel Sensei und auch nicht mit meinem Dharma-Namen Tetsugen angesprochen werden wollte. Ich bat sie darum, mich von nun an einfach bei meinem Vornamen Bernie zu nennen.

ZEN PEACEMAKERS

**Die Zen-Peacemaker**

Das weltweite interreligiöse Netzwerk wurde 1996 als Möglichkeit gegründet, die von der Greyston Foundation begonnene soziale Arbeit zu erweitern. Darüber entstanden eine Vielzahl sozialer Projekte und Aktivitäten, u.a. Gemeinschaftsprojekte zwischen Israelis und Palästinensern, Suppenküchen in Paris, Unterstützungsangebote für Immigranten oder Gesundheitsfürsorge für Menschen mit Aids. Mittlerweile gibt es auch Regionalgruppen in vielen deutschen Städten.

**Den Stimmen im Konflikt zuhören**
Mit Schauspieler Richard Gere auf einer Reise zu Friedensprojekten im Nahen Osten 2003. »Jede Meinungsverschiedenheit bedarf einer Lösung. Wenn du eine Fraktion nicht an den gemeinsamen Tisch lädst, dann ist der Ausschluss das, was den Lösungsprozess verhindert.«

Mit der Veröffentlichung meines Buches *Anweisungen für den Koch* wurde mein Leben noch turbulenter, als es sowieso schon war. Ich hetzte zwischen Retreats, Lesereisen und Konferenzen hin und her. Ich hatte zwar schon immer hart gearbeitet, doch nun hatte ich erstmals das Gefühl, mein Leben könnte außer Kontrolle geraten. Ich war erschöpft und mir war klar, dass ich etwas grundlegend ändern musste. Nun schien die Zeit reif zu sein, den Peacemaker-Orden zu gründen und alles andere dafür ruhen zu lassen. Es sollte ein gleichberechtigtes Gemeinschaftsprojekt mit meiner Frau Jishu als Mitbegründerin und Partnerin an meiner Seite werden. Unsere Vision nahm schnell Gestalt an. Wir begannen an einem interreligiösen Netzwerk von Friedensbewegten zu weben und nahmen Kontakt mit Friedensorganisationen in der ganzen Welt auf. Die meisten waren zwar keine Zen-Buddhisten, schlossen sich aber trotzdem dem Netzwerk an. Wir entwickelten das Konzept eines Friedensdorfes und ein Trainingsprogramm des Peacemaker-Instituts, das Trainees in verschiedene Friedenseinrichtungen sandte, um dort zu lernen und zu arbeiten. All diese internationalen und religionsübergreifen-

**»Service with dignity, service with love.«** Gemeinsam mit Schauspieler Jeff Bridges ist Bernie Glassman aktiv in der »Essen für alle«-Bewegung. In den »Let all eat«-Cafés werden alle mit demselben Respekt bedient, und die, die es sich leisten können, geben eine Spende. Ein Besucher hinterließ einen Zettel mit folgender Nachricht: »Vielen Dank dafür, dass wir uns bei euch nicht bedürftig fühlen müssen. Manchmal ist Hilfe sehr willkommen, aber wenn man dabei einer Person das Gefühl gibt, bedürftig zu sein, ist sie es manchmal nicht. Danke.«

den Organisationen fühlten sich dem Peacemaker-Orden als Plattform zugehörig. Und alle – Christen, Juden, Buddhisten, Hindus, Moslems ebenso wie die Vertreter anderer oder keiner Glaubensrichtungen – fühlten sich den drei Grundsätzen der Peacemaker verpflichtet: Der erste Grundsatz ist das Nicht-Wissen, der zweite das Zeugnisablegen und der dritte Grundsatz ist das liebevolle Handeln.

Mit Nicht-Wissen ist nicht gemeint, dass wir uns nun kein Wissen mehr aneignen sollten, nicht lernen und studieren sollten. Ganz im Gegenteil. Worum es uns jedoch gehen sollte, ist, nicht an diesem Wissen anzuhaften und jeder Situation so offen und unvoreingenommen wie möglich gegenüber zu treten. Wir kultivieren das, was im Zen Anfängergeist genannt wird, d.h. allem mit einem offenen Geist zu begegnen und nicht mit vorgefassten Ideen und Vorstellungen davon, wie man die Dinge richten und die Probleme bewältigen könnte. Wir legen dabei Zeugnis ab von allem, dem wir begegnen, von Freude ebenso wie Leid. Anstatt die Situation nur zu beobachten, werden wir selbst Teil der Situation. Wir machen uns vertraut mit dem, was ist, auch mit Krankheit, Krieg, Armut, Tod. Wenn wir Zeugnis von etwas ablegen, dann sind wir einfach da, wir fliehen nicht. Es geht darum, den Dualismus zwischen Ich als Subjekt und dem anderen als Objekt aufzulösen. Wenn wir Zeugnis ablegen wollen vom Leiden und leiden dabei selbst nicht, dann legen wir kein Zeugnis ab. Zeugnis ablegen von Freude ist Freude. Zeugnis ablegen vom Leiden ist Leiden. Indem wir Zeugnis ablegen, öffnen wir den Raum für liebevolles Handeln und für Heilung. Heilen heißt, die Dinge wieder ganz zu machen. Das ist die Essenz der Friedfertigkeit, denn sie beendet die Trennung und damit den Konflikt. Wenn ich die Ganzheit von mir selbst anerkenne, dann bin ich bereit, alles in mir zu erkennen, dass Gute ebenso wie das Schlechte, den Geist und den Körper, alle Seiten der Medaille. Meine Erfahrung ist, dass liebevolles Handeln dann entsteht, wenn wir den Raum des Nicht-Wissens und des Zeugnisablegens betreten.

## *Zeugnis ablegen in Auschwitz*

Als ich vor 17 Jahren zum ersten Mal das ehemalige Vernichtungslager Auschwitz betrat, wurde ich von dem Leiden, das an diesem Ort beheimatet ist, geradezu überwältigt. Ich wusste, dass ich an diesem Ort meditieren würde und mehr noch, dass ich Zeugnis ablegen muss von dem Leiden und von all den Stimmen, die hier zu hören waren. 1996 setzte ich dieses Vorhaben in die Tat um und kam nach Auschwitz, um hier das erste Auschwitz-Retreat zu halten. Hierfür hatte ich 150

**»Auschwitz ist der größte Lehrer.«**
Auschwitz ist für Bernie Glassman ein unerbittlicher Lehrmeister, er führt Menschen in Situationen, in denen sie gar nicht anders können, als zu lernen und zu verstehen. »Der erste Besuch in Auschwitz ist wie ein Schlag auf den Kopf. Nichts, was man zuvor in seinem Leben gesehen, gehört oder gelesen hat, kann auf diese Situation vorbereiten.«

**Zeugnis ablegen**
Einer der drei Grundsätze der Zen-Peacemaker lautet, Zeugnis abzulegen: teilzuhaben, nicht davonzulaufen. Meditierende an der Rampe in Auschwitz-Birkenau, an der die ankommenden Häftlinge nach dem Ausstieg aus den Waggons selektiert wurden: Arbeitslager oder Gaskammer.

**Sich nicht vor den Schreien der Welt verschließen**
Ein Teilnehmer: »Wir können die Schreie derjenigen hören, die hier gelitten haben. Wir können aber auch die Schreie all derjenigen hören, die heute irgendwo auf der Welt leiden. Und wir können unsere eigenen Schreie hören. – Dieses Hinhören ist wichtig. Viel zu oft handeln wir, ohne wirklich gehört zu haben, was nötig ist.«

Menschen aus unterschiedlichen Ländern, Kulturen und Religionen eingeladen – unter ihnen waren Kinder der Täter ebenso wie Kinder der Überlebenden, Juden und Deutsche, politische und homosexuelle Aktivisten, Sinti und Roma und viele andere Vertreter der unterschiedlichsten Kulturen. Sie alle fühlten sich trotz der Verschiedenheit intellektuell als Brüder und Schwestern, sonst wären sie nicht gekommen. Doch bereits am ersten Tag gerieten fast alle Vertreter der verschiedenen Kulturen aneinander. Als in der ersten Nacht ein Rabbi zu singen und tanzen begann, wollte die Hälfte der Teilnehmer bereits das Retreat verlassen. »Wie kann man an diesem Ort singen und tanzen?«, riefen sie aufgebracht, woraufhin eine orthodoxe Jüdin sagte: »Aber wenn wir an einen Ort wie diesen kommen, dann müssen wir singen und tanzen.« Alle Teilnehmer waren in den ersten Tagen sehr aufgewühlt und viele fühlten großen Zorn und tiefe Schuld. Auschwitz ist ein Ort mit einer ungeheuren Energie. Auschwitz entreißt uns alle Schutzhüllen und Schutzmechanismen und macht ungeheuer empfindsam und verletzlich. In Auschwitz bin nicht ich der Lehrer, sondern der Ort selbst ist der Lehrer. Und er ist ein unerbittlicher Lehrmeister, der Menschen in Situationen führt, in denen sie gar nicht anders können als zu lernen und zu verstehen. Wer in diesem kochenden Kessel bleibt, mit dem geschehen entscheidende Veränderungen. Die Menschen, die nach einer Woche Auschwitz verlassen, sind nicht mehr die gleichen wie zuvor.

Was hat das mit Zen und Meditation zu tun? Zen ist eine Form des Buddhismus und der Buddhismus fordert uns dazu auf, aufzuwachen; aufzuwachen zur Einheit des Lebens, aufzuwachen zu der Erkenntnis, dass alles miteinander verbunden ist und dass es nichts gibt, was nicht zugleich auch Ich bin. Meditation in ihrer Reinform heißt Zeugnis ablegen von der Ganzheit des Lebens. Diese Ganzheit des Lebens bezeugen wir auch in Auschwitz. Bei meinem ersten Retreat traf ich eine Gruppe, die sich »One by One« nannte. Sie bestand aus Kindern von SS-Offizieren und Kindern von Überlebenden. Sie alle hatten einiges gemeinsam: Ihre Eltern hatten nie über das gesprochen, was geschehen war, doch irgendwie hatten die Kinder herausgefunden, was ihren Eltern geschehen war oder was sie getan hatten. Und alle Mitglieder der Gruppe hatten Suizidversuche hinter sich. Als sie begannen, miteinander zu reden, begann auch ihr innerer Heilungsprozess.

In einem der Retreats freundete sich ein jüdischer Mann mit einer deutschen Frau an und erfuhr dann, dass ihr Vater der Kommandant des Lagers war, in dem seine ganze Familie umgekommen war. Er wurde von Zorn überwältigt und sie von Schuld. Doch nachdem sie durch all diese Emotionen gegangen waren, umarmten und küssten sie sich. Als diese beiden Menschen zueinander fanden, wurden sie wieder ganz, mit ihnen wurde das, was auseinandergebrochen war, wieder zusammengefügt. Die Arbeit in Auschwitz ist eine Arbeit des Erinnerns. Der Buddhismus sagt uns: Wir alle sind ganz, wir haben es nur vergessen.

Nach unserem achten Jahr des Erinnerns der Opfer von Auschwitz begannen wir damit, auch der Täter zu gedenken. Die Umsetzung dessen stellte uns vor große Schwierigkeiten, denn als wir erstmals diesen Vorschlag machten, drohte die Hälfte der Anwesenden aufgebracht damit, das Retreat zu verlassen. Der Täter zu gedenken bedeutet, ihre Namen ebenso zu nennen wie die Namen derer zu rezitieren, die gemordet wurden.

Um den Hass zu überwinden, bedarf es einer Veränderung des Umgangs mit den Tätern. Wir hielten eine Zeremonie im ehemaligen SS-Wachturm ab, in der sich alle Anwesenden an eine Situation erinnerten, in der sie selbst Täter waren oder in der sie mit einem Täter in ihrem eigenen Leben konfrontiert waren.

Natürlich stellt sich hier die Frage: Wie weit kann und muss man beim Erinnern gehen? Wenn es sich aber um eine Welt handelt, müssen wir des Ganzen gedenken. Wo also könnten wir mit dem Erinnern aufhören? Und genau hier, so meine ich, sollten wir unsere spirituelle Praxis ansiedeln: Indem wir es wagen, in die Räume in uns selbst zu gehen, die die Täter damals öffneten. Denn nur so können wir erkennen, was und wen wir ausschließen und wie wir mit diesem Ausgeschlossenen umgehen. Denn wir alle schaffen uns Eliteklubs, in die wir nur die Menschen hineinlassen, mit denen wir uns wohl fühlen, und wir haben verschiedene Strategien, um mit denen umzugehen, die nicht zu unserem Klub gehören. Üblicherweise ignorieren wir sie einfach, wir laden sie niemals in unser Haus ein und wenn wir sie auf der Straße sehen, dann blicken wir einfach weg. Andere stecken wir ins Gefängnis, schlagen sie zusammen, weil sie schwul sind, oder lynchen sie, weil sie schwarz sind. Hitler hatte die ultimative Idee: Töte einfach alle, von denen du denkst, dass sie anders sind als du selbst!

Um mit diesem Teil in uns, der andere ausschließt und ausgrenzt, umzugehen, müssen wir uns erinnern. Erinnern ist heilen und die einzige Möglichkeit, das wieder zusammenzufügen, was auseinandergerissen wurde.

## *Partnerschaft – die Praxis des Bodhisattva*

Die tägliche Praxis der Partnerschaft führt direkt zur Praxis des Bodhisattva. Im Buddhismus gilt ein Bodhisattva als Erleuchteter, der das Gelübde abgelegt hat, alle Menschen vom Leid zu befreien. Deshalb können sich viele Menschen nicht vorstellen, dass sie selbst mit all ihren Fehlern und Schwächen auch schon Bodhisattvas sind. Das ist typisch für unser hierarchisches Denken. Wir stellen immer einen an die Spitze und diejenigen, die unten stehen, halten ihn auch noch da oben. Ich selbst war es ja sowohl in meinem Berufsleben als auch im Zen gewohnt gewesen, an der Spitze zu stehen. Im Zen herrscht eine extrem hierarchische Struktur, in der das Wort des Meisters Gesetz ist und seine Vision zur Vision der gesamten Gemeinschaft wird. Partnerschaft jedoch ist etwas gänzlich anderes. Partnerschaft heißt zu erkennen, dass nicht einer, sondern wir alle bereits Bodhisattvas sind. In der Partnerschaft tragen wir zusammen, was wir haben, und bereiten daraus das bestmögliche Mahl. Jeder hat hierfür verschiedene Beigaben und gerade das macht das Mahl reichhaltig und sättigend. Es kann sich so viel an Geschmack entfalten, wie Menschen daran beteiligt sind.

**»Ich gelobe, alle fühlenden Wesen zu retten.«**
Ein/e Bodhisattva ist nach buddhistischem Verständnis ein erleuchtetes Wesen, das sich aus Mitgefühl entschieden hat, im Kreislauf der Wiedergeburten zu bleiben, um alle anderen vom Leid zu befreien. Eine der bekanntesten ist Avalokiteshvara, häufig dargestellt mit den »tausend Armen«, mit denen sie überall zur Stelle ist, wo Hilfe gebraucht wird. Bernie Glassman: »Das ist jemand, der natürlicherweise für das Wohl anderer tätig ist. Er ist nicht getrennt von ihnen, sondern kümmert sich einfach um sie, ohne darüber nachzudenken. Er tut es einfach, weil es gemacht werden muss.«

Meiner Meinung nach ist jeder Mensch ein Bodhisattva und jeder von uns hat Qualitäten und eine Kombination von Talenten, die einzigartig sind und ein Geschenk für alle anderen darstellen. Der eine verkörpert Großzügigkeit, ein anderer Humor, Geduld, jemand anderes Ehrlichkeit, Tüchtigkeit, Entschlossenheit, Nächstenliebe, Vertrauen, Liebe für Bäume, Tiere, Musikalität oder Kochkunst, was auch immer. Und die Tatsache, dass wir alle unseren Schattenseiten haben, ändert nichts an der Tatsache, dass wir Bodhisattvas sind. Ich habe Penner und Drogenabhängige kennengelernt, die große Bodhisattvas waren. Bei einem meiner Straßen-Retreats traf ich einen Mann, der seit vielen Jahren drogenabhängig war. Gleichzeitig war er ein begnadeter Organisator und half einer Gruppe von Obdachlosen dabei, aus Plastik und Kartons eine Behelfsunterkunft unter der Brücke von Manhattan zu errichten. Manche Menschen sahen nur seine Drogensucht; andere jedoch konnten sein großes Herz und seine Hilfsbereitschaft erkennen, mit denen er unzähligen Männern und Frauen geholfen hat, auf den Straßen von New York zu überleben.

Auch in eine Liebesbeziehung bringen die Beteiligten verschiedene Qualitäten und Energien ein. Diese Energien harmonisch zusammenzubringen, ist die entscheidende Herausforderung für jede Partnerschaft. Wenn wir uns wirklich begegnen, auch an den Schnittkanten, dann können wir gemeinsam ein weit gelungeneres Mahl als alleine zubereiten und zugleich auch andere Menschen daran teilhaben lassen. Dazu ist es unabdingbar, das Zuhören zu lernen. Tiefes Zuhören fordert ein radikales Vergessen – von dir selbst und von deiner Identität. Der große katholische Theologe Raimundo

Panikkar sagte einmal, wer zu interreligiösen Treffen kommt, muss völlig offen sein für Veränderung. Wer mit einem geschlossenen Herzen und einem voreingenommenen Geist dort hingeht, verschwendet nur seine Zeit. Wer hingegen offen und berührbar ist, gibt der Veränderung Raum. Genauso ist es auch in Beziehungen. Wenn du einen Menschen wirklich liebst, dann bist du offen für Neues, lässt Altes hinter dir und lieferst dich mutig und neugierig der Veränderung aus.

Unser Partner bzw. unsere Partnerin spiegeln uns auch die Bereiche unseres Lebens, die wir normalerweise nicht sehen wollen, die dunklen Seiten unseres Selbst, die uneingestanden und verdrängt sind. Und so wie jeder Einzelne auf seinem Weg eine eigene Entwicklung durchläuft, so haben auch Beziehungen ihre eigene Dynamik. Zuerst ist da eine Ahnung von dem Einen als Zwei und den Zweien als dem Einen und die Sehnsucht danach, dies zu verwirklichen. Dann beginnt die Suche nach geeigneten Möglichkeiten, um die Verbindung zu vertiefen. Und schließlich kommen die beiden gemeinsam an einen Punkt, an dem sie erkennen, dass alles bisherige nur Worte und flüchtige Einblicke in das waren, worum es wirklich geht. Die Umsetzung dieser Erkenntnis fordert von uns, alle Auffassungen und Vorstellungen von Beziehung loszulassen und ganz neu zu beginnen.

Lange war ich selbst nicht dazu bereit, mich dieser Art von Veränderung auszusetzen. Als Zen-Lehrer habe ich viele Jahre Menschen unterrichtet, doch keine Lektion ist vergleichbar mit der, die einem die eigene Partnerin geben kann – vor allem in Bereichen, von denen wir angenommen hatten, dass wir sie schon längst bewältigt hätten. Du kannst den Menschen, mit dem du zusammenlebst, nicht täuschen. In einer ehrlichen Beziehung findest du schließlich heraus, wer du wirklich bist.

## *Von Leben und Tod*

Der Schock des plötzlichen Todes von Jishu im Jahre 1998 katapultierte mich erstmals in meinem Leben in einen Zustand des Nicht-Tuns. Ihr Tod kam unerwartet und plötzlich. Gerade erst waren wir in unser neues Zuhause in Santa Fe gezogen und hatten uns auf die gemeinsame Zeit, die vor uns lag, gefreut. Vier Tage später war Jishu tot. Und ich saß allein in unserem neuen Haus. Und konnte mit dem Weinen nicht mehr aufhören.

Jedes Leben berührt das Leben vieler anderer Menschen. Wir wissen meist gar nicht, wie tief wir alle miteinander verbunden sind und welchen Einfluss das Leben anderer auf uns hat. Wir erfahren es dann, wenn ein Mensch, der uns nahe steht, stirbt. Mit dessen Verlust erhalten wir ein Gefühl davon, wie viele Leben dieser Mensch berührt hat und wie tief wir selbst mit diesem Menschen verbunden sind. Während er lebte, sahen wir ihn zumeist noch als Individuum und nicht als Teil des einen großen Körpers, der wir alle sind. Wenn mit seinem Tod alle körperlichen Begrenzungen aufgelöst sind, werden wir uns der großen Verbundenheit bewusst, die über den Tod hinaus bestehen bleibt.

**Sandra Jishu Holmes**
Die zweite Ehefrau von Bernie Glassman war Zen-Priesterin, Dharma-Lehrerin und Mitbegründerin des Zen-Peacemaker-Ordens.
» ... nur der verwundete Heiler ist in der Lage zu heilen. Solange wir denken, dass spirituelle Führer perfekt sein müssen, leben wir in Armut. Ich habe einen perfekten Lehrer in mir; es gibt keinen perfekten Lehrer außerhalb.« (aus einem ihrer Tagebucheinträge)

Ich hatte schon einige schwere Verluste in meinem Leben hinnehmen müssen. Bis dahin hatte ich mich immer der Strategie bedient, einfach weiterzumachen, schneller noch als zuvor, so als ob nichts geschehen sei. Ohne innezuhalten oder zurückzublicken trieb ich mich und andere zu immer neuen Zielen an – sei es die Erleuchtung, ein neues Meditationszentrum, ein soziales Projekt, ein weiteres Bauvorhaben. Meine Stärke lag schon immer in meiner kreativen Kraft und dem unermüdlichen Drang, Neues zu entwickeln und die Dinge mit Elan voranzubringen. Es fiel mir daher auch leicht, andere Menschen zu inspirieren und deren Sehnsucht nach Entwicklung und Transformation zu wecken. Im Aufbauen, Organisieren, Motivieren und Handeln war ich immer schon gut. Was ich dabei jedoch oft versäumt hatte, war, innezuhalten und von meinem eigenen Leben Zeugnis abzulegen.

Es ist die Aufgabe eines Bodhisattvas, Zeugnis abzulegen. Der Buddha kann im Zustand des Nicht-Wissens, im glückseligen Zustand der Bindungslosigkeit bleiben. Ein Bodhisattva jedoch gelobt, die Welt zu retten, und begibt sich dafür in die Welt der Anhaftung, denn diese ist auch die Welt der Empathie, der Leidenschaft und des Mitgefühls. Ein Bodhisattva wäre kein Bodhisattva ohne seine Leidenschaften, seine Liebe für die Menschen und seinen Dienst am Nächsten. Letztendlich akzeptiert ein Bodhisattva all die schwierigen Gefühle und Erfahrungen, die das tägliche Leben mit sich bringt, denn sie sind Wege der Erkenntnis. Jede dieser Erfahrungen bietet uns eine Möglichkeit des Erwachens im gegenwärtigen Augenblick.

Ich selbst hatte auf meiner Suche nach dem Sinn von Leben und Tod die hungrigen Geister erblickt und ihre Bedürfnisse gespürt. Doch einen dieser hungrigen Geister hatte ich damals übersehen: mich selbst. Mit dem Verlust von Jishu kam dieser hungrige Geist in mir hervor und ich musste mich ihm stellen. Der Schmerz war so mächtig, dass ich manchmal glaubte, ihn nicht ertragen zu können. Ich sagte alle Termine für die darauffolgenden Monate ab. Ich vertröstete die vielen Freunde, Bekannten und Schüler, die mich besuchen und mir beistehen wollten. Ich wusste, wie groß die Versuchung für einen Mann wie mich war, mich zur Ablenkung in die Arbeit zu stürzen. Doch diesmal entschied ich mich dagegen. Ich entschloss mich dazu, mich dem auszuliefern, was der Augenblick mit sich brachte. Ich lieferte mich dem Tod von Jishu aus. Indem ich dies tat, indem ich Zeugnis ablegte von ihrem Tod und von meinem Verlust, kamen wir auf eine neue Art zusammen. Ich war nicht mehr länger nur Bernie, ich wurde zu Bernie-Jishu. Solange sie lebte, konnte ich mich darauf verlassen, dass sie bestimmte Energien in unsere Beziehung einbrachte: Güte, Weiblichkeit, Bodenständigkeit, Geduld, Mitgefühl sowie ihren Wunsch nach Gemeinsamkeit und Partnerschaft. Nun erkannte ich, dass diese Qualitäten für immer aus meinem Leben gehen würden, sollte es mir nicht gelingen, diese in mir selbst zu entwickeln.

Genau betrachtet war es also nicht nur Jishu, die an diesem Frühlingstag starb – ein Mann namens Bernie starb an diesem Tag ebenfalls. Nun musste jemand Neues entstehen. Wenn nicht, das spürte ich deutlich, würde auch diese körperliche Manifestation mit dem Namen Bernie sterben. Ich hatte keine Ahnung, wer und was diese neue Person sein würde. Ich konnte mich nur dem Nicht-Wissen überlassen. Ich war verletzlicher als je zuvor in meinem Leben. Wenn wir Zeugnis ablegen vom Tod eines geliebten Menschen, dann legen wir zugleich auch Zeugnis ab von unserem eigenen Tod. Und nur indem wir den Tod des geliebten Menschen vollständig in unser Leben integrieren, können wir schließlich das Leben wieder neu entdecken.

Der dritte Grundsatz der Peacemaker ist, sich selbst und andere zu heilen. Nach Jishus Tod erkannte ich, worin diese Heilung besteht und wie sie sich vollzieht. Wenn wir an dem Punkt im Leben ankommen, an dem wir nichts mehr wissen, alle Kontrolle aufgeben und uns dem Schock, dem Schmerz und dem Verlust ausliefern, ohne Antworten, Lösungen oder Ideen parat zu haben, wenn uns nichts anderes mehr bleibt als nur dieser Augenblick voller Schmerz, Trauer und Hoffnungslosigkeit, dann erwächst dieser Erfahrung eine tiefe Liebe. Ich musste nichts tun. Ich musste nichts schaffen. Die Liebe entsteht von selbst. Sie war schon immer da gewesen, doch nun, da ich verletzlicher und offener war als je zuvor in meinem Leben, wurde sie stärker und größer denn je zuvor.

Es gibt eine Geschichte über Rabbi Nachman, einen berühmten jüdischen Mystiker aus dem 18. Jahrhundert. Sein gesamtes Leben hatte er Menschen die Bedeutung der Freude gelehrt. Als jedoch sein einziges Kind, ein Sohn, starb, kannte seine Wehklage kein Ende. Seine Freunde und Schüler versuchten, ihn zu trösten, doch vergeblich – sein Schmerz war zu mächtig. Sein Klagegeschrei wurde eines Nachts so laut, dass seine Schüler flüchteten. Der rasende Schmerz ihres Lehrers hatte sie in Panik versetzt. Als sie am nächsten Morgen zurückkehrten, trafen sie Rabbi Nachman in ruhiger Verfassung an. »Ihr hättet gestern bei mir bleiben sollen«, tadelte er sie sanft, »genau in dem Moment, als mein Schmerz auf seinem Höhepunkt war, erhielt ich die tiefsten Einsichten in das Leben. Dies wären meine wichtigsten Lehren für euch gewesen. Doch ihr ward gegangen, wie also hätte ich sie euch lehren können?«

Auch ich habe in dieser Zeit erfahren, dass der Schmerz der größte aller Lehrer sein kann. Wenn wir uns ihm wirklich ausliefern, lässt er uns die Einheit des einen Körpers, der wir alle sind, erfahren. Jishu selbst hatte einmal zu ihren Schülern in einem Vortrag gesagt: »Der Schmerz ist einer der Wege Gottes, der uns zu unserer wahren Natur erweckt. Die unmittelbare Erfahrung eines Augenblicks des Schmerzes ist in sich selbst eine Offenbarung.«

Während ich um Jishu trauerte, fühlte ich mich auch mit all den Menschen in meinem Leben verbunden, die ich zuvor verloren hatte, und wusste mich zugleich mit allen trauernden Menschen dieser Welt verbunden. Wir Menschen sind tatsächlich ein Körper und in diesem einen Körper sind alle Schmerzen des Universums, alle Schmerzen der Vergangenheit, Gegenwart und Zukunft aufgehoben, lebendig und fühlbar.

## *Der matriarchale Quilt – die Vielfalt wertschätzen*

Schließlich rief mich die Welt zurück. Mehr denn je verspürte ich den Wunsch in mir, an den Bruchstellen der Gesellschaft zu arbeiten. Immer schon hatte ich mich zu den Außenseitern und den Ausgeschlossenen der Gesellschaft hingezogen gefühlt, zu den Orten, an die niemand gehen wollte, zu den Menschen, mit denen niemand zusammen sein wollte. Ich selbst war ja ein Mensch, der immer von vielen anderen Menschen umgeben war. Zugleich gab es aber auch einen Teil in mir, der es genoss, ein Außenseiter zu sein. Wenn mein Leben zu strukturiert wurde und mein Kopf mit Details und Terminplänen vollgestopft war, dann träumte ich öfters davon, auf die Straßen von New York zu gehen und dort einfach als Penner zu leben. Ein- oder zweimal dachte ich während eines Straßen-Retreats ernsthaft darüber nach, einfach auf der Straße zu bleiben und nicht mehr in mein geregeltes Leben zurückzukehren.

Als Zen-Meister habe ich so ziemlich alles erreicht, was es zu erreichen galt. Ich habe Nachfolger ausgebildet, die Sanghas und Retreats leiten und viele engagierte Peacemaker, die überall in der Welt arbeiten. Sie brauchen meine Unterstützung als Lehrer heute nicht mehr. Was sie brauchen ist vielmehr jemand, mit dem sie einfach mal gemütlich zusammen sitzen und über Gott und die Welt reden können. Sie brauchen ebenso wenig wie ich die Formalitäten der Schüler-Lehrer-Beziehung, sie brauchen keine weiteren Belehrungen, keine Verneigungen und keine Rituale. Ich möchte kein Zentrum mehr leiten, sondern ein offenes Haus haben, in dem mich Menschen, wann immer sie wollen, besuchen können. Wir halten ein Schwätzchen, essen gemeinsam was Leckeres und paffen danach gemütlich eine Zigarre zusammen.

Ich blicke oft auf den farbenfrohen Quilt, den Jishu nach ihrer Ernennung zur Roshi (eine im Zen-Buddhismus autorisierte Lehrerin) nähte. Er ist aus verschiedenen Stoffen und Farben gefertigt und verwebt die Namen von Frauen unterschiedlichster Nationen, Generationen und Traditionen. Während der Vorbereitungen für ihre Ernennungszeremonie und während sie sich mit unserer Zen-Linie beschäftigte, stellte Jishu

**Leben mit den Ausgeschlossenen**
Während der Straßen-Retreats treffen sich die Teilnehmer einmal täglich zu einem gemeinsamen Austausch, die restliche Zeit verbringen sie auf sich allein gestellt. »Zu Beginn eines solchen Retreats haben die, die zum ersten Mal dabei sind, vor allem Sorge davor, Hunger zu leiden oder in irgendeiner Weise angegriffen oder bedroht zu werden. Das ist in all den vielen Jahren, die ich diese Retreats durchführe, noch nie passiert. Die intensivste Erfahrung ist eine, an die die Leute zu Anfang nie denken, und das ist, von allen anderen ignoriert zu werden, und das bringt die größte Veränderung.«

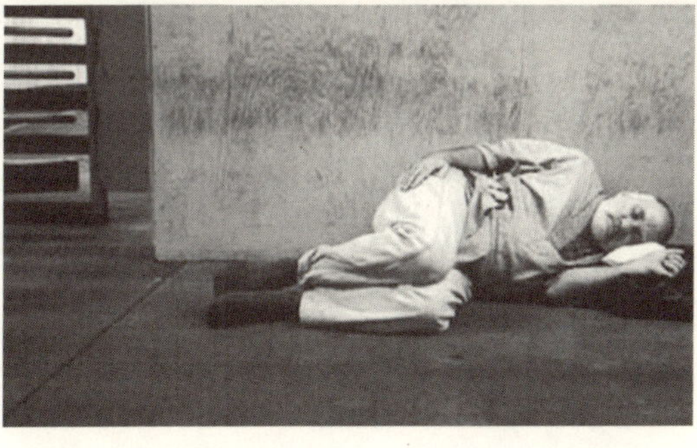

**»Manchmal träumte ich davon, einfach auf der Straße zu bleiben.«**
Bernie Glassman während eines Straßen-Retreats in Washington.

erschüttert fest, dass sie die erste und damit einzige Frau in der Jahrhunderte alten Zen-Linie war. Zwar hatte es seit Buddha immer wieder weibliche Zen-Lehrer gegeben, doch ihre Namen tauchten weder in den Schriften noch in den Übertragungen auf. Das hierarchische System des Zen mit seinen patriarchalen Strukturen hatte sie ausgelöscht. Und so blieben wieder einmal nur wir Männer, vor denen sich die Menschen tagaus, tagein verneigten. Mit dem matriarchalen Quilt webte Jishu ein Testament für all die vergessenen Frauen und legte zugleich Zeugnis ab von der gleichberechtigten Partnerschaft von Frau und Mann.

Wir haben den Quilt fortan bei der Ernennung von neuen Lehrern und Lehrerinnen benutzt. Er hat die Rituale mit seinen intensiven und leuchtenden Farben bereichert und die weiblichen Anteile eingebracht, die bis dahin gefehlt hatten. Wir fügten im Zentrum dem traditionellen Raum der Patriarchen einen Raum der Matriarchinnen hinzu, in dessen Mitte der Quilt hing. In diesem versammelten wir uns vor der ersten Morgensitzung zum gemeinsamen Chanten und für die traditionellen Niederwerfungen.

Wenn ich auf mein eigenes Leben blicke, dann erscheint mir der Peacemaker-Orden mein matriarchaler Quilt zu sein. In dieser Bewegung verweben sich all meine Aktivitäten, Beziehungen und Einflüsse zu einem weiten Weg und einer Praxis der Vielfalt. Ich war 30 Jahre lang Zen-Priester der Soto-Schule und habe zugleich doch immer die interreligiöse Arbeit gefördert. In all diesen Jahren habe ich mich oft gehäutet und immer wieder Teile von mir zurückgelassen, die überlebt waren. Manchmal fühlte es sich so an, als bliebe mir nicht mehr als die Kleider, die ich gerade am Leib trug.

**Die Praxis des Clowns**
Als Teil der »Clowns ohne Grenzen« bringt Bernie Glassman Kinder im Hochland von Chiapas, Mexiko zum Staunen. Clown zu sein ist für ihn der perfekte Weg, Nicht-Wissen zu praktizieren – absolute Unvoreingenommenheit.

Der Quilt der Peacemaker verkörpert auch mein Bemühen, nicht nur den Einzelnen, sondern das System zu verändern. Die beiden sind auf das Engste miteinander verzahnt und bedürfen beide gemeinsam der Veränderung. Nach wie vor gehe ich jedes Jahr zu einem Obdachlosen-Retreat auf die Straße. Je mehr ich im geschäftigen Leben der Peacemaker, in religiöse Netzwerke, Konferenzen, Telefongespräche, Mails und Reisen eingebunden bin und mit Menschen aus aller Welt in Kontakt bin, umso wichtiger ist es für mich, für einige Zeit alles hinter mir zu lassen und auf den Straßen zu leben. In der Obdachlosigkeit kann ich ungeschützt Zeugnis ablegen von der Präsenz des Lebens in diesem Augenblick.

Nach dem Tod von Jishu habe ich mit einer neuen Praxis begonnen – der des Clowns. Das war auch ein Grund dafür, weshalb ich meine Priesterrobe ablegte, denn es war mir durchaus bewusst, dass die Menschen mich als Zen-Priester vielleicht nicht mehr allzu ernst nehmen würden, wenn sie mich erst einmal mit meiner roten Mütze, der Clownsnase, den Hosenträgern mit den roten Herzen und einer Harpo-Marx-Hupe in der Hand sehen würden. Und genau das wollte ich. Ich habe in meinem Leben zu viele Schüler gehabt, die mich auf ein Podest stellten und sich vor mir als einer Verkörperung des Buddha verneigt hatten, ohne dabei zu realisieren, dass sie selbst doch bereits Buddhas sind. Ich möchte keine Verehrung. Clowns erwecken keinerlei Ehrfurcht in den Menschen. Mit ihnen und über sie lacht man. In allen Kulturen war es von jeher die Aufgabe des Narren, an den Bruchstellen des Lebens zu arbeiten und Zeugnis vom Leben und vom Leiden abzulegen. Es waren die Narren, die den Herrschenden und Mächtigen, den Königen und Priestern einen Spiegel vorhielten und damit den Menschen um sie herum wieder einen klaren Blick ermöglichten, der so oft durch die Herrschenden, ebenso aber auch durch Gurus und Roshis verschleiert wurde.

Mein eigenes Leben war immer schon vom Tun bestimmt – ich habe Zen-Gemeinschaften, gemeinnützige Organisationen und Unternehmen gegründet und habe an vielen Bewegungen für einen sozialen und ökologischen Wandel mitgewirkt. Mittlerweile bin ich 72 Jahre alt und verfüge nicht mehr über die Energie, die ich einst hatte. Doch ich reise und lehre, um Zeugnis abzulegen von den unzähligen und einzigartigen Wesen auf diesem unseren Planeten. Wir sind alle eins und untrennbar, auch wenn wir in individuellen Formen erscheinen und wieder vergehen. Dies zu verstehen und geschehen zu lassen ist die große Übung der Liebe. Das ist es, was ich »liebevolles Handeln« nenne: zu tun, was zu tun ist, dort, wo es ums Tun geht und nicht ums Siegen.

# Revolution der Liebe

**»Wir beide sprechen hier über eine Revolution der Liebe. Und dieser geht es nicht darum, etwas zu zerstören, sondern Neues aufzubauen, zu entwickeln und zu unterstützen.«**
Bernard Glassman Roshi im Gespräch mit Konstantin Wecker.

# »Wir können die Welt sofort und ohne Umschweife ändern!«

## Liedermacher und Zen-Meister

Wir leben in bewegten Zeiten. Weltweit finden gewaltige Umbrüche und Veränderungen in geradezu atemberaubender Geschwindigkeit statt. Was uns gestern noch unvorstellbar erschien, kann heute schon Realität sein, und was heute noch gilt, hat vielleicht morgen schon keinen Bestand mehr. Immer mehr Menschen fragen sich: Was kann ich für die Welt tun – hier und jetzt? Denn wir spüren es alle: Jetzt geht es ums Ganze. Überall stehen Menschen auf und vernetzen sich, um für eine bessere Welt einzutreten. Noch nie ist die Menschheit so nahe zusammengerückt, noch nie waren wir uns der wechselseitigen Verbundenheit so bewusst wie heute. Wir erkennen: Was am anderen Ende der Welt geschieht, geschieht ebenso auch uns.

»Sei du selbst die Veränderung, die du dir für die Welt wünschst«, sagte Mahatma Gandhi. Was wir hierfür brauchen, sind Mut, Zivilcourage und jede Menge Mitgefühl. Das machen Bernie Glassman und Konstantin Wecker in den folgenden Gesprächen deutlich. Wie die meisten von uns treibt auch sie die Sorge um die Welt um. Was können wir für ihre Bewahrung tun? Was kann jeder Einzelne für den Zusammenhalt des großen Ganzen tun? Wie können wir in unserem täglichen Leben Mitmenschlichkeit in die Welt tragen?

Wer zu lesen beginnt, wird sehr schnell feststellen können,

dass es hier nicht um theoretische Weltverbesserungsprogramme geht, sondern um ganz konkrete und lebenstaugliche Schritte für das tägliche Leben. Hier treffen keine Theoretiker aufeinander, sondern zwei aktive Männer, die es gewohnt sind, anzupacken, zu bewegen und das Erkannte in die Tat umzusetzen. Einig sind sie sich darin, dass ein wirklicher Wandel in der Welt nur durch ein gesellschaftspolitisches und soziales Engagement möglich ist, das auf spiritueller Weisheit basiert. Politik und Spiritualität schließen sich also nicht aus. Ganz im Gegenteil! Gerade die Verbindung von beiden führt zu einem erfüllten und sinnvollen Leben. Meditieren *und* demonstrieren, beten *und* sich engagieren – wer sagt, dass dies nicht zusammenginge?

Es sind Gespräche von konzentrierter Dichte und großer Offenheit, die am Esstisch des Weckerschen Hauses in München stattfanden, Gespräche, in denen auch die eigenen Schwierigkeiten und Probleme auf dem spirituellen Weg freundschaftlich besprochen wurden. Wie können wir denn mit der Wut umgehen, die uns angesichts des Unrechts in der Welt ergreift? Gibt es Wege, Wut in Weisheit zu verwandeln? Wie können wir zu mehr Zärtlichkeit und Liebe im menschlichen Miteinander finden? Und was können wir aus unserem Scheitern und unseren Niederlagen lernen?

Es liegt tatsächlich an jedem Einzelnen von uns, wie es mit der Welt weitergeht. Gemeinsam können wir unendlich viel bewegen. Ob wir die Welt damit retten können, ist ungewiss. Versuchen aber müssen wir es! Und den Rat unseres großen Dichters Johann Wolfgang von Goethe beherzigen: »Was immer du tun kannst oder erträumst zu können, beginne es. Kühnheit besitzt Genie, Macht und magische Kraft! Beginne es jetzt!«

# Die Revolution der Liebe

## Konstantin Wecker im Gespräch mit Bernie Glassman

## Mut zum Selbst: Die Entdeckungsreise der Liebe

### *Wege in die Stille finden*

Konstantin:

Ich verspüre seit geraumer Zeit eine große Sehnsucht nach Stille in mir und den Wunsch, mich mehr nach innen zurückzuziehen. In dieser unglaublich lauten Welt ist die Begegnung mit mir selbst nur in der Stille möglich. Deshalb meditiere ich, wenn auch nicht immer und nicht ganz so regelmäßig, wie ich es mir wünschen würde. Ich versuche, jeden Morgen eine halbe oder eine Stunde vor meinem üblichen Tagesablauf aufzustehen, um diese Zeit für mich zu haben. Ich verwende verschiedene Meditationsmethoden, doch meist zähle ich meine Atemzüge von eins bis zehn. Gerne singe ich auch Mantren, denn ich bin nun mal ein Sänger und das Singen macht mir Freude. Bei der Auswahl meiner Mantren halte ich es ein bisschen mit Krishnamurti, der sagte, man könne auch Coca Cola singen, Hauptsache, man tut es mit Andacht.

Es wird zurzeit ja sehr viel über Spiritualität gesprochen. Und wir müssen Acht geben, dass wir nicht das gleiche Leistungsprinzip an die Spiritualität anlegen, das wir sowieso schon in dieser Gesellschaft haben. Das wäre für mich der Gegensatz von Spiritualität, wenn wir auch in diesen Bereich Leistungsdenken hineinbringen würden. Ich kenne das sehr wohl von mir, dass ich beurteile und werte, »das war jetzt eine gute Meditation und das war eine schlechte Meditation«. Doch wenn ich das tue, dann trage ich etwas in die Meditation hinein, das dort nichts zu suchen hat. Worum es geht, ist doch, sich einfach hinzusetzen und es zu tun. Manchmal bin ich konzentriert und ein anderes Mal bin ich abgelenkt. Leistungsbezogene Qualitätskriterien da hineinzupressen halte ich für völlig verkehrt. Seitdem ich das nicht mehr tue, geht es mir beim Meditieren weit besser. Ich habe mit dem Meditieren in einer schweren Lebenskrise begonnen. Damals konnte ich feststellen, dass es gut für mich ist und dass es mich zur Ruhe bringt. Davor hatte ich zwar schon viel darüber gelesen und vor allem viel darüber philosophiert, aber es war alles in meinem Kopf und nicht in meinem Herzen.

Was ich an dir, Bernie, so großartig finde und was mich von Anfang an beeindruckte, ist, dass du mir als spiritueller Meister nie das Gefühl gibst, dass du der bessere oder der weisere Mensch bist. Ich kenne viele Menschen auf dem spirituellen Weg, die den Eindruck erwecken, sie hätten den einzigen Weg zur Glückseligkeit gefunden, und die irgendwo schon auch glauben, dass sie die besseren Menschen sind, weil sie meditieren.

Viele spirituelle Traditionen betonen, dass du auf deinem Weg gar nicht weiterkommen kannst ohne die Berührung und Unterweisung eines Meisters. Auch ich bin davon überzeugt, dass es spirituelle Meister braucht, um an ihnen erkennen zu können, was uns als Mensch möglich ist. Wenn es sie nicht gäbe, gäbe es auch keinen Antrieb, auf dem inneren Weg weiterzugehen. Mich persönlich interessiert jedoch nur ein Meister, der ein wahrer Liebender ist, einer, dem das Mitgefühl förmlich aus allen Poren quillt. Von einem spirituellen Lehrer, bei dem dies nicht der Fall ist, würde ich mir vielleicht eine Meditationstechnik erklären lassen, doch sicherlich würde ich mich ihm weder anvertrauen noch ihn als Meister akzeptieren. Dafür habe ich einfach schon zu viele großartige Menschen in meinem Leben kennengelernt, die von Mitgefühl und großer Liebe erfüllt waren, ohne dass sie auf einem spirituellen Weg waren. Die sind mir mehr Meister als irgendeiner, der mir eine gute Meditationstechnik beibringen kann.

Bernie:

Es gibt Menschen, die einen verändern, einfach nur dadurch, dass man ihnen begegnet. Ich selbst hatte einige wunderbare Lehrer. Ich habe bei meinem Meister Maezumi Roshi und einigen anderen japanischen Zen-Meistern gelernt, ebenso auch mit dem indischen Lehrer Krishnamurti. Doch meine zwei wichtigsten Lehrer, die mich am meisten lehrten und mich am tiefsten veränderten, waren Auschwitz und die Straßen der Großstädte. Jedes Retreat in Auschwitz verändert mich und auf jedem Straßen-Retreat lerne ich so viel Neues. Das Leben auf der Straße öffnet mich für das Leben. Deshalb kehre ich immer wieder dorthin zurück. Orte können uns viel lehren. In der hebräischen Sprache ist HaMakom, was übersetzt »der Ort« bedeutet, einer der Namen für Gott. In diesem Leben gibt es unzählige Lehrer und für jeden Menschen sind es andere. Für manche ist es die Natur, für andere ein Mensch, für wieder andere ein Ort. Ich bin davon überzeugt, dass jeder Mensch auf seinem Weg die richtigen Lehrer findet.

Konstantin:

Mein größter Lehrer ist die Musik und die wohl schönste Form der Meditation ist für mich das Improvisieren am Instrument. Der Buddha sagte einmal, es gibt so viele Wege zur Erleuchtung wie es Menschen gibt. Für einen Musiker, so glaube ich, führt der Weg zur Erleuchtung über die Musik. Meine Lieder wissen mehr als ich. Und sie wissen vor allem sehr viel mehr über mich selbst, als ich es tue. Die Musik ist die Begegnung mit einem Wissen, dass ich mit der Ratio nicht ausdrücken kann und das diese bei weitem übersteigt. Ich fühle es, wenn ich am Klavier sitze und improvisiere. Es kommen immer Melodien zu mir. Das ist mein Talent. Doch wieso? Von wo kommen diese Melodien? Ich weiß es nicht, ich weiß nur, dass sie kommen. Meine Melodien und Texte entstehen nicht durch Nachdenken. Sie finden mich. Es muss einen Ort geben, einen Raum, ein Universum, in dem all diese Melodien und Gedichte bereits existieren und aus dem sie einem zuwachsen. Diese Erfahrung ist für mich der Sitz meiner Spiritualität. Deshalb habe ich einen selbstverständlichen Zugang zur Spiritualität und erlebe mich als einen spirituellen Menschen. Und als dieser Mensch sehe ich meine Aufgabe darin, mit meiner Musik Liebe in die Welt zu bringen. Es gehört Mut dazu und man muss selbst ganz erfüllt davon sein. Als Sänger weiß ich, dass die Musik dies vermag, denn sie ist eine Sprache der Liebe. Mit der Musik können wir Liebe zum Ausdruck bringen, ohne dass dies von Menschen als peinlich erlebt wird. Die Musik wird nicht von unserer Ratio dominiert. Sie ist zwar eine Sprache, doch eine non-rationale Sprache. Das heißt nicht, dass sie deswegen dümmer wäre, vielmehr kann die Musik Dinge ausdrücken, was mittels der Sprache gar nicht möglich wäre. Wenn ich Mozart höre, habe ich das Gefühl, ich verstehe mehr von den Zusammenhängen der Welt. Einiges wird mir klar, was ich mit dem Denken nicht annähernd erfassen könnte. Und wenn ich Puccini höre, dann begreife ich die Tiefe menschlicher Leidenschaften und Beziehungen, die man mir mit Worten nicht erklären könnte. Als Sänger habe ich das Glück, dass ich nahezu jeden Abend vor Menschen singen kann, die ähnlich denken und fühlen wie ich und etwas Ähnliches wollen. Die Bühne ist meine Kraftquelle. Ich schaue in die Gesichter meines Publikums und ich erhalte Kraft von ihnen. Sie machen mir Mut und ich mache ihnen Mut. Das Wissen, mit so vielen Menschen vernetzt zu sein, trägt mich und baut mich immer wieder auf. Viele Leute glauben, dass man ein bestimmtes Kontingent an Energie mit auf den Weg bekommt und dass sich diese Energie im Laufe des Lebens verbraucht. Das ist ein völliger Irrtum. Energie ist immer da, sie fließt durch uns hindurch und wenn wir sie freigiebig weitergeben, anstatt an ihr festzuhalten, dann kommt unendlich viel zurück. Energie verbraucht sich nicht. Diese Erfahrung machen zu dürfen, halte ich für ein großes Glück.

Manchmal aber gerät mir diese Energie außer Kontrolle. Ich bin nun mal sehr impulsiv und habe eine laute Stimme. Wenn ich anfange zu schreien, dann kann das furchterregend sein, vor allem für meine Kinder. Ich möchte das wirklich ändern, denn es ist eine unangenehme Seite von mir. Ich kann es mir aber nicht mit Gewalt austreiben oder es unterdrücken, denn das macht es nur noch schlimmer. Im Zen heißt es, man solle nicht werten, sondern akzeptieren, was ist. Doch was kann mich Zen lehren, um besser mit meiner Wut umzugehen?

Bernie:

Meiner eigenen Erfahrung nach schaffen wir durch das Meditieren ein tieferes Feld des Zuhörens. Wir werden sensitiver für das, was in uns und in anderen Menschen geschieht. Je länger ich meditierte, desto deutlicher konnte ich die Stimmen der anderen Menschen hören. Bevor ich zu meditieren begann, konnte ich eigentlich nur meine eigene Stimme hören. Und wenn ich schrie, konnte ich mich selbst nicht wirklich schreien hören und daher auch nicht die Reaktion meiner Kinder fühlen. Nun kann ich die Stimmen der Menschen um mich herum wahrnehmen. Und wenn ich mich heute schreien höre, dann kann ich auch die Auswirkung in anderen Menschen spüren. Das hat sich über die Jahre hinweg sehr verändert und das ist es, was ich unter einer natürlichen Entwicklung verstehe. Indem wir in die Stille gehen, gelangen wir dahin, die Stimmen anderer Menschen wirklich hören und deren Reaktionen fühlen zu können. Dadurch beginnen wir uns nach und nach von innen heraus zu verändern. Wie wir wissen, können Kinder die Energie sowieso spüren, unabhängig von unseren Worten. Und wenn wir Gefühle vortäuschen, dann spüren sie das.

Indem wir meditieren und in die Stille gehen, erfahren wir die Essenz des Lebens und diese ist Liebe. In der Stille erfahren wir das Wunder der Liebe. Liebende brauchen letztlich keine Worte. Sie erfahren alles über ihre Gefühle. Sie sind von diesen energetisiert. Wieso energetisiert Liebe uns? Weil wahre Liebe keine Energie damit verschwendet, den anderen verändern oder verbessern zu wollen. Weil keine Energie in die Dualität und die Trennung fließt. Liebe ist Gemeinsamkeit, ist Einssein. Der Buddha sagte: »Alle Wesen sind meine Kinder.« Wenn es uns möglich ist, alles, was wir sehen, zu lieben, dann leben wir ewig, denn alle Zeit ist in dieser Erfahrung aufgehoben. Nicht umsonst zeigt sich die Größe und Gnade Gottes in manchen Religionen in der Stille der Liebenden. Du selbst hast in der Stille nach Liebe gesucht. Und ich kann spüren, dass die Stille, die du gefunden hast, die eines wirklich Liebenden ist.

## *Das Erwachen der Liebe*

Bernie:

Was mich in den letzten Jahren wirklich von innen heraus verändert hat, ist das tiefe Gefühl von Liebe, das während meiner letzten Auschwitz-Retreats in mir gewachsen ist. Bei meinen ersten Retreats fühlte ich wie alle Menschen, die dorthin kommen, großen Schmerz und sehr viel Wut. Doch mit jedem weiteren Retreat veränderten sich diese Gefühle. Die Erfahrung, die ich während des Retreats im vergangenen Jahr dort machen durfte, war die einer großen und alles umfassenden Liebe. Auschwitz ist der große Lehrmeister meines Lebens. Dieser Ort lehrte mich Liebe. Als ich im vergangenen Jahr von Auschwitz nach Berlin kam und wir beide uns trafen, sprachen wir sehr viel über die Liebe. Früher war ich beileibe kein Mensch, der über die Liebe gesprochen hätte. Doch durch die Veränderungen, die in meinem Leben stattgefunden haben, ist es nun zu dem bestimmenden Thema für mich geworden.

Konstantin:

Als ich vor einiger Zeit ein neues Tourneeprogramm über die Liebe zusammenstellte, ist mir bewusst geworden, dass nahezu 80 Prozent meiner 600 Lieder über die Liebe handeln. Das war mir bis dahin gar nicht so bewusst gewesen. Ich sprach früher auch nicht öffentlich über die Liebe. Doch seit einem Jahr ist es plötzlich das bestimmende Thema für mich. Dabei gibt es kaum ein Wort, das so missbraucht wurde wie die Liebe. Hollywoodfilme, Popsongs und Schlager haben sich ihrer bemächtigt. Und sie alle zeigen diese dramatisch eingeschränkte Vorstellung von Liebe auf, die auf Haben-Wollen und Nicht-Verlieren-Wollen basiert. Es gibt doch aber ganz andere Dimensionen der Liebe. Nicht umsonst haben die griechischen Philosophen zwischen Eros und Agape unterschieden, also zwischen der körperlich-erotischen Liebe und der bedingungslosen Nächstenliebe.

In unserer Gesellschaft wird die Liebe wie ein Besitz gehandelt, als etwas, das wir haben wollen, an dem wir festhalten und das wir keinesfalls verlieren möchten. Liebe ist aber immer schon da. Wir können sie weder bekommen noch verlieren. Und »niemand kann die Liebe binden«, wie ich in einem meiner Lieder geschrieben habe.

Wenn ich Liebe spüren kann, ganz tief drin, das sind die schönsten Momente meines Lebens. Ich habe lange gebraucht zu verstehen, dass Liebe auch ein aktives Tun ist. Wir Männer tun uns in dieser Gesellschaft weit schwerer mit dem Lieben als die Frauen. Wir glauben, bei der Liebe ginge es darum, geliebt zu werden. Und das verwechseln wir dann oft mit Liebe. In Bezug auf das Lieben müssen wir Männer noch einiges lernen und haben einen großen Nachholbedarf. Mit dieser Erkenntnis vollzieht sich ein Umbruch in meinem eigenen Rollenverständnis, den ich in meinen Liedern interessanterweise weit früher vollzogen habe als in meinem eigenen Leben. Gerade als Mann heißt dies für mich, auch von überkommenen Vorstellungen von Macht Abschied zu nehmen und die eigene Ohnmacht in mir zu entdecken. Ohnmacht ist in unserer Gesellschaft ja erst einmal ein völlig negativ besetztes Wort, aber ohnmächtig sein heißt auch, dass man sich auf eine ganz andere Art und Weise entdecken kann, dass man Zärtlichkeit und Liebesfähigkeit in sich zulassen kann.

Bernie:

Das trifft ganz bestimmt auch auf mein Leben zu. Ich hatte einen Vater, der keine Liebe zeigen konnte. Meine Mutter war ein liebevoller Mensch, doch sie starb, als ich acht Jahre alt war. Ich hatte also kein Vorbild für Liebe. Als meine zweite Frau Jishu vor einigen Jahren starb, erlebte ich dies als einen schweren Verlust, der zugleich einen grundlegenden Transformationsprozess einleitete. Erstmals verstand und erlebte ich, was Liebe wirklich ist. Doch das alles geschah, als ich bereits 60 Jahre alt war. Die Prägungen meiner Kindheit haben also sehr lange nachgewirkt. Ich stimme dir daher völlig zu: Die meisten Männer finden nur schwer Zugang zur Liebe. Und es ist immer noch schwierig für Männer, Liebe zu zeigen. Wo ich aufgewachsen bin, galt das als ein Zeichen von Schwäche. Das führt zu einem schmerzlichen Mangel im Leben vieler Männer. Auch ich litt lange darunter.

Es gibt einen Menschen, der mich in den vergangenen Jahren sehr viel über die Liebe gelehrt hat – Marian Kolodziej, ein Mann, den ich vor einigen Jahren während eines Auschwitz-Retreats kennenlernte. Er war 18 Jahre alt, als er mit einem der ersten Transporte nach Auschwitz gebracht wurde. Er war dort all die Jahre bis 1945. Danach wurde er zu einem der bekanntesten Filmarchitekten Polens. 50 Jahre lang sprach er niemals über seine Erlebnisse im Vernichtungslager. Als er einen Schlaganfall hatte und halbseitig gelähmt war, verordnete ihm sein Arzt Bewegungstherapie. Er ließ sich einen Bleistift geben und seine Frau half ihm dabei, seinen Arm zu bewegen. Und so fing er damit an, Skizzen seiner Erlebnisse in Auschwitz anzufertigen. Es sind erschütternde und zutiefst bestürzende Zeichnungen. Sie sind sein Vermächtnis. Fortan kamen er und seine Frau jedes Jahr zu Besuch, wenn ich meine Auschwitz-Retreats hielt und wir wurden zu Freunden. Als ich die beiden erstmals traf, konnte ich umgehend die tiefe Liebe in ihnen und füreinander spüren. Marian starb im vergangenen Jahr und er hatte sich gewünscht, dass seine Asche in Auschwitz verstreut würde. Das haben wir bei unserem letzten Retreat getan. Wenn man sich seine Zeichnungen anschaut, dann legen sie Zeugnis ab von einem, der durch die Hölle ging. Doch niemals hat dieser Mann Hass auf seine Peiniger, auf die SS-Soldaten und die Kapos im Lager gezeigt. Menschen, die ihn kennenlernen durften, haben mich immer wieder gefragt, wie dies sein könne. Wie kann ein Mensch durch die Hölle gehen und danach so viel Liebe in sich haben? Ich weiß es selbst nicht. Ich weiß nur, dass Marian einer der großen Lehrer meines Lebens war. Da wir uns sehr nahe standen, konnte ich teilhaben an dieser tiefen Liebe, die ihn umgab. Vor seinem Tod sagte er zu seiner Frau: »Solange es die Liebe gibt, gibt es keinen Tod.«

## *Auf der Suche nach dem Göttlichen*

Konstantin:

Ich wollte früher nicht verantwortlich sein für das, was ich tat. Ich wollte einfach nur das tun, was ich tun wollte und das schreiben, was ich zu schreiben hatte. Diese Sichtweise hat sich in den letzten Jahren verändert. Zwischenzeitlich weiß ich, dass ich sehr wohl verantwortlich bin für das, was ich nach außen bringe.

Es gibt eine Geschichte, die ich dir in diesem Zusammenhang erzählen möchte. Das Ereignis, um das es geht, hat mein Leben viele Jahre überschattet: Als ich 30 Jahre alt war, besuchte ich einen Zauberer in Bali. Er war der gleiche Mann, zu dem auch die Rolling Stones gegangen waren. Danach haben sie übrigens ihren Song »Sympathy for the devil« geschrieben. Dieser Zauberer sagte mir, er könne weiße ebenso wie schwarze Magie anwenden und ich könne mir, was immer ich wolle, von ihm wünschen. Ich solle ihm drei Wünsche aufschreiben. Die ersten beiden Wünsche, die ich äußerte, waren Gesundheit und Erfolg und mein dritter Wunsch war bereits so etwas wie eine Entschuldigung für meinen zweiten Wunsch: der Wunsch, dass ich niemals der Macht erliegen möge. Letzterer hat schon immer und bis zum heutigen Tage mein Leben bestimmt. Der Zauberer forderte mich dazu auf, ihm einen roten Rubin zu bringen. Als ich ihm den Stein brachte, machte er ein Beschwörungsritual damit. In drei Wochen, so sagte er mir danach, würden meine Wünsche in Erfüllung gehen. Ich trug den Stein fortan in einer Kette um meinen Hals. Drei Wochen später nahm ich zum ersten Mal in meinem Leben Kokain. Ich spürte sehr wohl, dass von diesem Stein etwas Ungutes ausging, doch ich wagte es nicht, ihn abzunehmen, weil ich befürchtete, damit sowohl meine Gesundheit als auch meinen Erfolg aufs Spiel zu setzen. Zugleich zeichnete es sich für mich im Laufe der Jahre immer klarer ab, dass ich ihn loswerden musste, wenn ich jemals wieder vom Kokain herunterkommen wollte. Einmal ging ich zu einem katholischen Priester, zeigte ihm den Stein und bat ihn, mir diesen abzunehmen.

Doch bei dem Anblick schreckte er förmlich zurück und beteuerte, dass er mir dabei nicht helfen könne. Schließlich gab ich den Rubin meiner Mutter, die ihn in einer Bibel in ihrer Bibliothek verwahrte. Ich hatte 20 Jahre ein wirkliches Problem mit diesem Stein. Am Ende war ich mir ziemlich sicher, dass er dämonische Kräfte in sich trug. Nachdem ich ihn abgenommen hatte, war ich für zwei Jahre frei von Drogen. Doch dann kam es zum großen Showdown, als mir jemand Crack anbot und ich es ausprobierte. Fortan konnte ich meine Finger nicht mehr davon lassen und verfiel ihm völlig, bis ich schließlich wegen Drogenmissbrauch inhaftiert wurde.

Bernie:

Ich habe Mathematik und Physik studiert und lange als Ingenieur gearbeitet. Daher weiß ich, dass es in dieser Welt unendlich viel gibt, was wir rational nicht erklären können. Ich selbst kann nicht beurteilen, was davon Magie ist und was nicht. Für mich ist es eigentlich bereits Zauberei, dass wir unseren Arm bewegen können. In diesem Universum gibt es so viel mehr als unser Verstand jemals begreifen könnte. Letztendlich halte ich es für unwichtig, ob es der Stein und der Zauberspruch selbst waren, die diese Ereignisse in deinem Leben heraufbeschworen haben. Ausschlaggebend war, dass du für diese Erfahrungen offen und bereit warst. Ich glaube, diese Dinge wären in jedem Falle geschehen. Wenn wir zurückblicken, dann können wir nur Vermutungen darüber anstellen, weshalb was geschehen ist. Doch letztlich werden wir nie wissen, was wirklich die Ursachen für die Ereignisse in unserem Leben waren.

Was du getan hast, ist für mich Ausdruck der menschlichen Suche nach Gott. Wir möchten uns von ihm die Erlaubnis einholen für das, was wir uns vom Leben wünschen und wofür wir Unterstützung brauchen. Wir suchen intuitiv nach Hilfe auf unserem Weg. Manche Menschen wenden sich hierfür direkt an Gott, andere stellvertretend an einen Zauberer oder einen Guru. Ich zaubere manchmal für Kinder, denn ich weiß, dass alle Menschen die Zauberei lieben. Weshalb? Weil wir alle uns nach etwas sehnen, von dem wir wissen, dass es so einfach nicht zu erreichen ist. Und wir wollen, dass jemand uns sagt, dass unsere Wünsche in Ordnung sind und dass sie in Erfüllung gehen werden. Ein Zauberer kann uns dieses Gefühl vermitteln. Für mich ist die grundlegende Frage: Wonach hast du gesucht?

Konstantin:

Es war wohl die klassische Suche, die auch Goethes Faust umtrieb: Ich wollte wissen, was die Welt im Innersten zusammenhält. Und dafür war ich bereit, Mephisto in mein Leben zu rufen. Letztendlich war sicherlich auch dies nichts anderes als Ausdruck meiner Suche nach Gott. Als junger Mann fühlte ich mich so unendlich stark. Niemals hätte ich gedacht, dass ich süchtig werden könnte oder dass Mephisto dazu in der Lage wäre, meiner Seele etwas anzuhaben. Ich hatte ein geradezu unverwüstliches und unverbrüchliches Gottvertrauen. Deshalb traute ich mir auch so viel zu. Ich war immer ein Herdplattenanfasser. Schon von Kindheit an musste ich meine Finger auf die Herdplatte legen, bevor ich anderen glauben konnte, dass sie heiß ist. Ich wollte alles am eigenen Leib erfahren. Damit habe ich mir natürlich auch viele Schmerzen eingehandelt, das ist keine Frage. Doch so habe ich es mein ganzes Leben gehandhabt. Daher war ich auch immer etwas wilder als die anderen. Ich stürzte mich in Abenteuer, die andere auch gerne erlebt hätten, es jedoch nicht wagten. Mein

Publikum liebte mich dafür, dass ich mir so oft waghalsig die Finger verbrannte, doch dass ich letztlich dafür ins Gefängnis musste, fanden sie weniger toll. Sie wollten, dass ich wild war, ohne dafür bestraft zu werden.

Als ich aus dem Gefängnis kam, hatte ich fast gar nichts mehr. Ich war nur auf Kaution frei und hatte einen Prozess vor mir, von dem ich nicht wusste, wie er ausgehen würde. Ich steckte bis zum Hals in Schulden und jeden Tag schrieben die Zeitungen Schreckliches über mich und mein angeblich kaputtes Drogenleben. Ich war damals der erste Künstler, der in Deutschland wegen Drogen geoutet wurde. Für die Medien war das ein gefundenes Fressen. Genüsslich nahmen sie mir mein letztes bisschen Ehre. Tiefer konnte ich gar nicht mehr fallen. Ich bin damals oft in die Berge fahren, um allein in der Natur zu sein. In der Abgeschiedenheit gelang es mir am besten, zu mir zu kommen. Und in dieser schwierigen Zeit erlebte ich immer wieder Momente einer tiefen Verbundenheit mit allem um mich herum. Ganz ohne Meditation und ganz ohne irgendwelche Techniken. Einfach indem ich ganz da war. Einmal stand ich vor einem Baum und erkannte: »Diesem Baum ist es völlig gleichgültig, ob ich Drogen genommen habe, ob ich gut oder böse bin, er gibt mir Schatten, er ist freundlich zu mir und gestattet es, dass ich mich an ihm anlehne.« In diesem Moment hatte ich ein tiefes Einheitsgefühl mit diesem Baum.

Diese Zeit, in der ich alles verloren zu haben glaubte, lehrte mich zugleich, dass es etwas Unzerstörbares, Ewiges in uns gibt, das niemals sterben kann. Ich habe damals wieder zurückgefunden zu einer Spiritualität, die für mich als Kind und als Jugendlicher selbstverständlich war. Da wusste ich nur noch nicht, dass das spirituell ist. Ich habe in dieser Krise damit angefangen, spirituelle Bücher zu lesen und zu meditieren.

Ich spürte ganz genau, dass es das war, was ich brauchte. Ich hatte weder einen Lehrmeister noch einen Guru, doch ich dachte, jetzt hab ich mich schon auf so viele Abenteuer in meinem Leben eingelassen, da kann ich mich auf dieses auch noch einlassen. So viele schreiben voller Begeisterung darüber, andere machen sich lustig darüber, ohne eine Ahnung davon zu haben. In dieser Zeit habe ich damit begonnen, mich mit den Schriften der Mystiker und mit Zen zu beschäftigen. Dabei stieß ich dann auch auf deine Bücher. Von Anfang an hat mich deine Verbindung von sozialem und gesellschaftspolitischem Engagement mit Spiritualität und Weisheit fasziniert.

Rückblickend bin ich daher auch allen schwierigen Phasen und schmerzhaften Erfahrungen meines Lebens, die sich anfangs alles andere als angenehm anfühlten, sehr dankbar. Denn ich weiß, dass sie notwendig waren und dass sie ein unübersehbares Zeichen waren, mein Leben zu ändern. Schicksalsschläge sind unsere größten Lehrer. Aus dieser Erkenntnis heraus ist mein Buch *Die Kunst des Scheiterns* entstanden. Meine bewusste Hinwendung zur Spiritualität wäre nicht möglich gewesen ohne die Niederlagen in meinem Leben. Klar falle ich auch immer wieder zurück in alte Verhaltensmuster. Dabei hilft mir dein Rat sehr, die Ereignisse im Leben erst einmal wertfrei und doch ehrlich und aufrichtig zu betrachten. Es ist ja nicht so, dass ich spirituell schon groß was geschafft hätte. Was ich aber sicherlich geschafft habe, ist ehrlicher zu mir selbst zu sein und genauer zu wissen, was mir wichtig ist im Leben und damit zu der Freiheit zu gelangen, mich immer weniger vom Urteil anderer abhängig zu machen. Mich nicht mehr zu identifizieren mit Ruhm, Prominenz, meinem Image als Künstler, mit einem bodygebuildeten Körper und einem ebenso aufgeblähten intellektuellen Ego. Im intimsten Raum unseres Zwiegesprächs mit unserem Selbst stehen wir völlig nackt da und können entweder bestehen oder müssen uns verändern.

Bernie:

Als ich erstmals für eine Woche als Obdachloser auf der Straße lebte, machte ich ähnliche Erfahrungen, wie du sie nach deinem Absturz machtest. Wenn wir auf die Straße gingen, hatten wir nichts bei uns, nur die Kleidung, die wir am Leibe trugen. Und wir hatten kein Bett und keine Wohnung. Wir waren obdachlos. Da wir einfach nichts hatten, mussten wir alles neu herausfinden, um zu überleben. Wir lebten tatsächlich im Augenblick. Das waren tiefgreifende Erfahrungen, die mich verändert haben. Von da an sprach ich in meinen Vorträgen weit mehr vom Leben auf der Straße als von Meditationstechniken. Ich habe deswegen aber nie aufgehört zu meditieren. Für mich ist meditieren genauso selbstverständlich wie Essen und Trinken. Es ist einfach etwas ganz Natürliches. Doch auch wenn es für mich persönlich wichtig ist, meine ich nicht, dass alle Menschen meditieren müssten. Dafür habe ich in meinem Leben zu viele Menschen getroffen, die noch nie auf dem Kissen saßen und doch Bodhisattvas des Mitgefühls waren. Wovon ich jedoch überzeugt bin, ist, dass Menschen bessere Chancen haben, die Einheit des Lebens zu erfahren, wenn sie meditieren. Es ist ähnlich wie in der Musik. Es gibt begabte Musiker, die kaum jemals üben müssen, weil es ihnen einfach zufällt. Die meisten anderen Musiker jedoch müssen kontinuierlich üben.

Konstantin:
Ich selbst kann zwischenzeitlich wieder beten, weil ich Gott »entmenschlicht« und »entdinglicht« habe. Beten ist aber eine sehr private Geschichte für mich, und ich würde daher auch nicht mit Fremden über Gott reden. Gott ist für mich frei von bestimmten Religionszugehörigkeiten und völlig frei von Vorstellungen. »Gott« ist ein wunderbares Wort, das in mir keine Assoziation mit einem Wesen erweckt. Und weil es das Wort gibt, kann man es auch verwenden. Worte bedeuten mir viel. Deshalb ist mir das Wort »Liebe« so wichtig, auch wenn ich es erst entkitschen musste, um es wieder verwenden zu können. Das war ein langer Prozess. Ich habe vor kurzem ein Interview mit einem jungen Sänger gelesen, der sagte, er schreibe keine Liebeslieder mehr, weil das Wort Liebe so belastet ist. Dichter konnten irgendwann den Begriff »Mond« nicht mehr verwenden, weil er so verkitscht war. Es sind aber auch die Dichter, die dazu aufgerufen sind, sich die Worte wieder zurückzuerobern. Und dafür muss man sich erst einmal von ihnen befreien. Dann wird einem klar, dass sie Symbole sind. Dieser Aussage hätte ich schon im Alter von 20 Jahren zugestimmt, doch sie hätte für mich innerlich nicht diese Bedeutung gehabt, die sie heute für mich hat. So geht es mir mit vielen Begriffen. Sie verändern sich unablässig. Ich habe ja auch den Tod schon sehr früh thematisiert, er kommt in vielen meiner Lieder vor, etwa in »Lang mi ned o, du depperter Tod«. Das ist der Text eines jungen Mannes, der sich trotzig dem Tod entgegenstellt und sich ihm zu widersetzen sucht. Seit einigen Jahren stelle ich jedoch fest, dass der Tod für mich weit mehr ist als ein gedanklicher Prozess und dass es nichts gibt, das ich ihm entgegensetzen könnte. Die Bedeutung des Wortes »Tod« ist bei und vor allem in mir angekommen. Sicherlich hat das

auch mit dem Tod meiner Eltern zu tun. Ich habe nicht nur meinen Vater, sondern bald darauf auch meine Mutter bei ihrem langen Sterbeprozess begleitet und habe dabei ihren Schmerz miterlebt und das unsägliche Leiden, dass ihre Krankheit mit sich brachte. Damit hat sich viel in mir und in meiner Weltsicht geändert. Niemand wird mich je wieder so lieben, wie meine Eltern mich geliebt haben. Eltern lieben einen – das weiß ich aus meiner eigenen Erfahrung als Vater – in der Gesamtheit. Selbst wenn meine Söhne mir nichts zurückgeben würden, könnte ich doch nicht aufhören, sie zu lieben. Seit dem Tod meiner Eltern bin ich nicht mehr nur rhetorisch sterblich, sondern ich habe begriffen, dass ich wirklich sterblich bin. Das ist ein großer Unterschied. Wenn die Eltern tot sind, steigt man auf in der Linie und weiß, dass man als Nächster dran ist. Es gibt junge Menschen, die das bereits durch frühe Schicksalsschläge erfahren haben. Doch spätestens in meinem Alter sollte man dahin kommen, dies zu kapieren. Ich bin jetzt in eine Lebensphase eingetreten, in der ich mich der Sterblichkeit annähere. Und das geht nur mit einer Ars Moriendi. Das ist es, was uns die Religionen und allen voran der Buddhismus immer gelehrt haben: sich mit der Vergänglichkeit des Daseins vertraut zu machen, nicht mehr festzuhalten, sondern sich dem hinzugeben, was ist.

Bernie:

Der Tod eines geliebten Menschen oder die Angst vor unserem eigenen Tod können dazu führen, dass sich unser Körper zusammenzieht, wir unsere Vision verlieren, uns auf uns selbst und unser begrenztes Ego zurückziehen und damit vom Fluss des Lebens abtrennen. Ebenso kann uns diese Erfahrung aber auch die unablässige Veränderung des Lebens bewusst machen und die einzigartige Kostbarkeit eines jeden neuen Augenblicks vor Augen führen. Was immer auch unser eigener Beitrag für diese Welt ist: sei es, dass wir leidenschaftliche Meditierende sind oder den Armen tatkräftig beistehen, sei es, dass wir Eltern, Großeltern, Beziehungspartner, Unternehmer sind – und all das bin ich in meinem Leben gewesen – bei all dem handelt es sich um ein Geschenk des Universums, das wir wertschätzen und lieben sollten. Nicht, weil es nützlich oder wichtig oder etwas Besonderes ist, sondern einfach deshalb, weil es da ist.

Shakyamuni Buddha sagte, dass alle bedingten Dinge entstehen und vergehen. Während viele Menschen darin die Ursache für Leid erblicken, lehrte der Buddha, dass dies nicht so sein muss. Wir können uns zwar nicht vor dem Schmerz schützen, doch wir können die Angst vor ihm verlieren, indem wir unsere Konditionierungen durchblicken und uns nicht ausklinken, sondern Zeugnis ablegen von dem, was ist. Wir können uns dann öffnen für die zahllosen Wesen des Universums und unsere Liebe auf alle ausweiten, eingeschlossen uns selbst. Darin erblicke ich die Essenz des edlen achtfachen Pfades des Buddhismus.

Im Christentum sagen wir, dass Gott das Unbekannte ist. Ganz gleich, wie viele Namen wir ihm gegeben haben, wie viele Erscheinungsformen er in diesem Universum und über dieses hinaus hat, in letzter Instanz ist und bleibt Gott das große Unbekannte. Dies zu akzeptieren ist nicht einfach, denn es beinhaltet die Akzeptanz, dass Gott unkalkulierbar ist, dass Gott alles zu jeder Zeit sein kann, dass wir keine Kontrolle haben, dass uns schlimme Dinge passieren können, dass alles, was uns bleibt, einzig das Vertrauen ist. Das Vertrauen in solch ein Leben ist das Vertrauen in Gott als dem Unbekannten.

Konstantin:
Um dieses Vertrauen zu erlangen, brauchte es für mich lange und schwere Auseinandersetzungen mit Gott. Ich habe ihn beschimpft, habe ihm gezürnt, bin aus der Kirche ausgetreten, doch trotzdem hat er mich nie losgelassen. Der Gott, der mir in der Schule nahegebracht wurde, war ja einer, der immer unter die Bettdecke schaute. Obwohl er der liebe Gott hieß, war er alles andere als lieb und hat immer aufgepasst. Er stand auch hinter so mancher Ohrfeige des Religionslehrers. Ich hatte das Glück, einen wunderbaren Vater zu haben. Und ich empfand meinen Vater sehr viel liebevoller als diesen sogenannten »lieben Gott«. Das war schon die erste Konfrontation mit Gott, denn da konnte doch etwas nicht stimmen, wenn ich meinen Vater toller fand als diesen Gott, der die ganze Welt geschaffen haben soll.

Doch schließlich gelang es mir, ihn von all dem Ballast zu befreien, den das Wort »Gott« mit sich herumträgt. Das war der Moment, an dem ich Gott anbeten konnte, ohne mir dabei eine Vorstellung von ihm zu machen. Ich erkannte, dass er zu diesem unfassbaren Bereich des Ganz-Anderen gehört. Das ist es, was ich unter Mystik verstehe. Mystik ist all das, was das Ganz-Andere ist, was wir mit unserem Denken nicht begreifen und mit Worten nicht ausdrücken können. Und das ist ungeheuer groß. Und je weiter man in seiner eigenen geistigen Entwicklung voranschreitet, desto mehr kann man von dem nicht Fassbaren entdecken. Es gibt immer wieder neue Punkte in diesem namenlosen Bereich.

Dieses Namenlose ist das, was Melodien und Worte der Poesie schenkt. Die großen Dichter haben es geschafft, allein durch die Zusammenstellung der Worte diese von ihrer üblichen Bedeutung zu befreien. Sie haben einen neuen Blickwinkel geschaffen. Sie konnten das hörbar machen, was mit Worten eigentlich nicht auszudrücken ist. Ihnen gelang es, aus diesem Bereich etwas herauszuholen und hörbar zu machen, was mit Worten nicht zu beschreiben ist. Ich mag den Ausdruck vom Ganz-Anderen sehr gern. Das hat mich schon seit meiner Kindheit beschäftigt. Ich kann mich gut daran erinnern, dass ich einmal meinen Vater gefragt habe, ob es nicht etwas ganz anderes gibt als das, was wir kennen. Es muss doch außerhalb des Universums und außerhalb dessen, was wir sind, noch viel mehr geben. Ich habe das geradezu körperlich gespürt, dieses ganz andere als das, was wir kennen. Und ich spürte, wie mächtig es ist. Es hat mir als Kind fast den Kopf zerrissen, darüber nachzudenken. Ich vermute, das war der erste Anflug des Mystikers in mir.

## Wir sind alle miteinander vernetzt: Eine engagierte Spiritualität

### *Etappen auf dem spirituellen Weg*

Bernie:

Was mein Leben und damit auch meinen spirituellen Weg von Grund auf veränderte, war, als ich erstmals die Stimmen der hungrigen Geister hörte. Sie erschütterten mich so tief, dass ich umgehend das Gelübde ablegte, sie zu nähren und fortan für sie zu sorgen. Das war der entscheidende Wendepunkt in meinem Leben. Als ich erstmals nach Auschwitz kam, geschah etwas Ähnliches, denn auch dort hörte ich die Klage der unzähligen Seelen. Der rote Faden für mein anhaltendes Engagement ist die Erkenntnis vom Leiden und meine Entscheidung, etwas dagegen zu unternehmen. Wenn ein Kind leidet, wird seine Mutter umgehend darauf reagieren und etwas dagegen tun. Denn die Mutter liebt ihr Kind und sobald sie das Weinen ihres Kindes hört, tritt diese Liebe hervor und beweist sich im Handeln. Zwischen Mutter und Kind gibt es keine Trennung. Genauso ist es für Menschen, die das Leid in der Welt spüren können. Sie können gar nicht anders, als etwas dagegen zu tun. Diese Reaktion, die uns ohne Nachzudenken das Leid lindern lässt, ist das, was ich Liebe nenne. Liebe fließt immerzu. Liebe ist die Erfahrung der Einheit. Sie zeigt sich im tätigen Mitgefühl. Letztlich ist es die Aufgabe der Liebe, alles zusammenzuhalten.

Jeder Mensch ist dazu in der Lage, die Stimmen der hungrigen Geister des Universums zu hören. Viele Menschen werden durch ihre Konditionierungen daran gehindert, sie fühlen sich getrennt von anderen und von den Stimmen des Universums. Trennung heißt nichts anderes, als dass wir die Liebe, die immer da ist, in diesem Moment einfach nicht fühlen können. Aufgrund meiner intensiven Meditationspraxis war es mir möglich, die Trennung aufzuheben und mit den leidenden Stimmen des Universums in Kontakt zu kommen. Meiner Ansicht nach sollte jeder Mensch auf dem spirituellen Weg dahin kommen. Es gibt natürlich auch Menschen, die diese Erfahrung machen, ohne dass sie jemals meditiert hätten. Wer jedoch auf dem spirituellen Weg ist, sollte sie hören können. Denn sie sind da. Es ist wie mit der Schwerkraft. Sie ist immer da, auch wenn wir sie oft nicht bewusst wahrnehmen. Und es ist wie mit dem Verliebtsein. Du musst nicht darüber reden. Du fühlst es ja.

Die Erfahrung der Einheit ist die Wurzel für eine Revolution der Liebe. Liebe zeigt sich im Mitgefühl. Und indem wir Mitgefühl praktizieren, können wir diese alles durchdringende Energie der Liebe spüren. Das ist die Kraft, die mich auf meinem Weg unterstützt und motiviert. Meine Sprache hat sich in der letzten Zeit sehr verändert. Ich hätte mich früher sicherlich nicht in solchen Worten ausgedrückt. Im Zen bedienen wir uns eines ganz anderen Vokabulars. Auf dem Zen-Weg wird Liebe mit Weisheit assoziiert. Doch die beiden fühlen sich für mich unterschiedlich an. Ich komme zwar nicht aus einer christlichen Tradition, doch mir gefällt das Wort »Agape« sehr. Für mich ist Agape Liebe ohne Ego, eine nicht-dualistische Form der Liebe. Die Erfahrung der Nicht-Dualität befähigt uns zur Erfahrung der Einheit des Lebens. In dieser kann es keine Abwesenheit der Liebe geben. Es kann nur sein, dass sie nicht erkannt wird. Doch die Liebe ist immer da.

Konstantin:

Wenn ich mit Intellektuellen spreche, sagen mir diese oft, dass der Mensch von Natur aus schlecht sei. Ich glaube so einen Unsinn nicht, denn ich hatte das Glück in meinem Leben, dass ich einige Menschen kennenlernen durfte, die voller Liebe waren. Und selbst wenn es nur einen Menschen gegeben hätte, wäre das für mich bereits der Beweis dafür, dass der Mensch nicht schlecht sein kann. Denn wenn du einem Menschen begegnest, der voller Liebe und Mitgefühl ist, dann zeigt das doch, zu was der Mensch in der Lage ist. Das ist auch in politischer Hinsicht wichtig, denn immer wieder sagen Leute: »Wieso sollte denn gerade ich es tun, wenn so viele andere es nicht tun.« Tatsächlich aber genügt bereits einer, um etwas zu verändern und zu zeigen, dass viel mehr möglich ist, als wir uns vorstellen können. Deshalb ist für mich Liebe und Mitgefühl viel wichtiger als die sogenannte Erleuchtung. Ich weiß sowieso nicht, was Erleuchtung ist, und deshalb bemühe mich auch nicht darum. Für mich ist das ein Begriff, der sich meiner Vorstellung entzieht. Was ich mir wünsche, ist, eines Tages zu einem wahrhaft Liebenden zu werden. Das ist mir weit wichtiger als ein Erleuchteter zu sein.

Bernie:

Der Buddha sagte: Jeder Mensch ist bereits erleuchtet. Doch was bedeutet das? Die meisten Menschen können damit nichts anfangen. Kobo Daishi, der Begründer des Shingon-Buddhismus, sagte, dass man die Tiefe der Erleuchtung eines Menschen daran erkennen könne, wie er anderen Menschen dient. Das heißt nichts anderes, als jeden Augenblick das zu tun, was zu tun ist. Es ist ein endloser Pfad, der niemals endet. Wir können den Ausspruch von Kobo Daishi auch dahingehend erweitern, dass wir sagen: »Wir können die Tiefe der Erleuchtung daran erkennen, wie jemand liebt.« Wenn ich jemanden treffe, von dem gesagt wird, dass er oder sie erleuchtet sei und dieser Mensch zeigt keine Liebe, dann frage ich mich, wozu die Erleuchtung gut sein sollte. Vielleicht kann dieser Mensch dann ein Lehrer von Erleuchtungstechniken sein, so wie jemand anderes ein Klavierlehrer ist. Doch wenn du jemandem begegnest, der Liebe verkörpert, hast du einen verwirklichten Menschen getroffen. Von diesem Standpunkt aus betrachtet würde ich es jederzeit bevorzugen, einen Menschen zu treffen, der Liebe in die Welt bringt, als einen, von dem die Leute sagen, dass er erleuchtet sei, der jedoch keine Liebe verkörpert. Es gibt Menschen, die als erleuchtete Meister gelten, in deren Nähe ich mich aber tatsächlich nicht aufhalten möchte.

Nun bin ich ja selbst Zen-Meister und wahrscheinlich gelte ich einigen für das, was ich sage, als Abtrünniger. Doch meiner Ansicht nach hat man mit dem Beherrschen von Techniken noch nicht viel erreicht, solange man nicht die Liebe erfahren hat. Wenn du mit Liebe erfüllt bist, dann zeigt sich das. Das ist einfach so. Auf dem spirituellen Weg nehmen die Leute jedoch jede Menge Anstrengungen und Zeit auf sich, die verschiedenen Techniken zu erlernen, um so Erleuchtungserfahrungen zu machen. Und anschließend gründen sie Schulen, um diese Techniken anderen beizubringen. Ob jemand die Einheit des Lebens erfahren hat, kann man meiner Ansicht nach ganz einfach daran erkennen, ob er von Liebe erfüllt ist und aus dieser heraus handelt. Wenn er das nicht tut, dann hat er die Einheit des Lebens noch nicht erfahren. Er hat sich einfach Techniken angeeignet, deren Anwendung dann wie Erleuchtungserfahrungen aussehen.

Im Buddhismus sprechen wir von der Erkenntnis und der Verwirklichung der Einheit des Lebens. Für mich ist es immer die entscheidende Frage, ob Menschen ihre Erkenntnis auch im Leben verwirklichen. Verkörpern sie Liebe? Ich habe in meinem Leben viele Menschen getroffen, die nichts von Zen und den Methoden des Erwachens wussten, die jedoch reine Liebe verkörperten. Und ich habe zugleich auch viele Lehrer getroffen, von denen gesagt wurde, dass sie tiefe Erleuchtungserfahrungen hatten, die aber keine Liebe verströmten. Sie konnten gut darüber sprechen und brillante Vorträge halten, doch sie haben nicht aus der Einheitserfahrung heraus gehandelt. Die Erkenntnis ist der eine Teil, doch wenn wir die Verwirklichung dessen einfach außen vor lassen, dann kreieren wir doch nur eine neue Art von Spiel. Wenn jemand wirklich die Einheit des Lebens erfahren hat, dann kann er oder sie gar nicht anders, als dementsprechend zu handeln. Und wenn sie nicht so handeln, dann haben sie die Einheit eben nicht wirklich erfahren. Sie hatten vielleicht einen Geschmack davon und sie wissen, wie man gute Bücher und gute Vorträge darüber verfassen kann. Der Fokus in der spirituellen Praxis liegt zurzeit noch viel zu sehr auf diesem ersten Geschmack der Erkenntnis.

Für mich persönlich geht es im Leben weit mehr um Menschlichkeit als um die Erfahrung der Erleuchtung. Deshalb lege ich in meiner Arbeit den Schwerpunkt auf Mitmenschlichkeit. Ich habe die Erfahrung gemacht, dass wir dadurch die Einheit allen Lebens viel deutlicher erfahren können. Ich fühle mich zu Menschen hingezogen, die Liebe in die Welt bringen. Ich fühle mich auch zu dir hingezogen. Ich kenne viele buddhistische Lehrer, doch ich würde nur mit wenigen so reden, wie ich hier mit dir rede. Mit den meisten würde ich über Techniken sprechen und über Erfahrungen beim Meditieren und darüber, wie die Meditationshalle aussehen sollte und solche Dinge. Ich möchte aber über das Leben und die Liebe reden.

## *Von Wut und Mitgefühl*

Konstantin:

Doch wie, Bernie, gelingt es dir, ein Liebender zu bleiben, wenn du dieser ungeheuren Ungerechtigkeit in der Welt begegnest? Und wie können wir mit Menschen umgehen, die sich getrennt von der Liebe erfahren und daher lieblos handeln? Für mich beinhaltet eine verantwortungsvolle Liebe auch, kritisch zu sein, die Augen nicht zu verschließen, sich zu engagieren und klar zu erkennen, wer ein Nicht-Liebender ist und seinem Handeln Einhalt zu gebieten. Durch meine Friedensarbeit weiß ich, wie wichtig es ist, den Mund aufzumachen, die Kriege zu brandmarken und sich notfalls auch gegen die eigene Regierung aufzulehnen. Ich kann dies zwar aus einer Grundhaltung der Liebe tun, doch manchmal muss ich doch auch eine kräftige Wut haben dürfen.

Bernie:

Es ist oft nicht einfach, aus Liebe heraus zu handeln. Trotz all unserer guten Vorsätze verletzen und erzürnen wir uns ständig gegenseitig. Doch wenn es uns schon nicht im persönlichen Miteinander gelingt, wie soll es uns gelingen, als Nationen friedlich miteinander zu leben? Ich möchte dir von einem Erlebnis erzählen, das mir dies sehr deutlich vor Augen geführt hat. Bei unseren jährlichen Meditations-Retreats im ehemaligen Vernichtungslager Auschwitz rezitieren wir die Namen der Toten. Vor einigen Jahren machte Heinz-Jürgen Metzger von den Peacemakern Deutschland den Vorschlag, nicht nur der Opfer, sondern auch der Täter zu gedenken. Bis dahin hatten wir ausschließlich die Namen der Ermordeten rezitiert. Die Anwesenden konnten den Vorschlag nicht ertragen, auch der Täter zu gedenken. Wer kann das schon? Eine Lehrerin für Gewaltlose Kommunikation war so erzürnt, dass sie vor Heinz-Jürgen trat und zu ihm sagte: »Ich könnte dich umbringen!«

Wenn wir jedoch Zeugnis ablegen von der anderen Seite, die wir gewöhnlich ablehnen und bekämpfen, erkennen wir, dass diese abgelehnte Seite auch ein Teil von uns selbst ist. Das ist schwer zu ertragen, doch allein daraus erwächst uns die Erkenntnis von der Einheit des Lebens. Stell' dir vor, mein rechter und mein linker Arm würden sich als getrennt von meinem Körper fühlen und wären nicht dazu in der Lage, die Einheit des Körpers zu erfahren – so wie ja auch wir uns oft als getrennt von den Menschen um uns herum erleben. Was aber geschieht, wenn wir uns als getrennt erleben? Nehmen wir an, mein rechter Arm heißt Johannes und mein linker Arm Miriam. Johannes wird mit einem Messer verletzt und blutet heftig. Miriam sieht es, sagt jedoch: »Ich bin doch kein Doktor, ich kann dir nicht helfen.« Und sie verarztet Johannes nicht. Johannes stirbt. Damit stirbt auch Bernie. Und ebenso Miriam.

Oder stell dir den folgenden Fall vor: Bernie ist hungrig. Miriam ist Mitglied einer Hilfsorganisation und möchte Bernie helfen. Johannes gehört ebenfalls einer Hilfsorganisation an und sagt, dass er weit bessere Möglichkeiten hätte, sich um Bernie zu kümmern. Als Miriam Bernie etwas zu essen geben will, drängt Johannes sie weg und die beiden beginnen sich zu streiten. Währenddessen stirbt Bernie an Hunger. Und Miriam und Johannes sterben mit ihm.

Wenn Johannes und Miriam die Verbundenheit von allem erfahren hätten, dann würden sie wie *ein* Mensch handeln. Wenn ein Arm verletzt ist, hilft der andere doch unwillkürlich. Ob mit oder ohne Erfolg spielt dabei keine Rolle. Er würde einfach das Beste tun, was er in der Situation tun kann. Wenn wir Zeugnis ablegen vom Leben, dann treten wir auch entschieden gegen das ein, was das Leben zerstört, ohne dabei jedoch von Wut und Hass erfüllt zu werden. Wir tun einfach unser Möglichstes, um es zu ändern. Das macht wirkliche Aktivisten aus. Aktivisten verurteilen nicht. Sie handeln. Sie tun, was die jeweilige Situation von ihnen erfordert.

Konstantin:

Ich bin auch der Meinung, dass Hass überhaupt keinen Sinn hat. Ich glaube nicht einmal, dass ich dazu in der Lage bin zu hassen. Ich glaube jedoch, dass Wut ein legitimer Faktor ist, um sich zu artikulieren, wenn die Zustände untragbar sind. In der derzeitigen Lethargie in unserer Gesellschaft braucht es eine kräftige Wut von Menschen, die bereit sind, sich gegen die Zustände aufzulehnen. Das heißt ja nicht, dass man diejenigen hasst, die diese Zustände herbeiführen. Doch das heißt, dass man entschlossen ist, etwas daran zu ändern. In dem konkreten Beispiel von dir, wenn Johannes anfangen würde, meiner Miriam den Finger abzuhacken, würde ich natürlich versuchen, ihn daran zu hindern.

Und das kann meines Erachtens durchaus im Zeichen der Liebe geschehen. Der einzige Grund, warum ich mich weiterhin engagiere, ist letztlich die Liebe. Als ein liebender Mensch möchte ich zu mehr Gerechtigkeit in dieser Welt beitragen. Der Wunsch nach Gerechtigkeit ist aus der Liebe geboren. Ich werde immer wieder gefragt: »Konstantin, was hast du denn schon erreicht mit deinem Engagement in den letzten 40 Jahren?« Und wenn ich mich manchmal so umschaue, kommt es mir schon auch so vor, als ob ich gar nichts erreicht hätte. Doch vielleicht müssen wir die Frage einfach anders stellen: »Wie sähe es aus, wenn ich manche Dinge nicht getan hätte und wenn es manche Lieder nicht gegeben hätte?« Ich glaube daher, dass auch all meine politischen Lieder nichts anderes sind als Liebeslieder, denn sie sind vom Glauben an eine liebevollere und gerechtere Gesellschaft getragen. Hannes Wader sagte einmal zu mir: »Auch wenn man wüsste, dass sich nie etwas ändern wird, muss man bestimmte Dinge einfach tun.« Davon bin auch ich zutiefst überzeugt. Und auch wenn ich glaube, dass man nicht aus der Wut heraus handeln sollte, so kann die Wut doch ein effektiver Auslöser für unser Handeln sein. Ich schaffe es manchmal einfach nicht, nicht wütend zu sein! Und bemühe mich trotzdem, nicht aus der Wut heraus zu handeln.

Bernie:

Ich selbst würde in diesem Zusammenhang weniger das Wort »Wut« als vielmehr »Entschlossenheit« verwenden. Mit Entschlossenheit können wir die Dinge ändern. Sie verleiht uns einen klaren Blick auf die Situation, mit ihr können wir entscheiden, was wir verändern wollen und welche Bedingungen wir dafür schaffen müssen. Vielleicht kann ich das an einem Beispiel verdeutlichen: Lass uns annehmen, dass du siehst, wie dein Kind auf die Straße läuft. Gleichzeitig siehst du ein Auto kommen, das dein Kind anfahren könnte. Du rennst natürlich los und reißt dein Kind von der Straße. Wenn du ein egozentrierter Mensch bist, dann wirst du wahrscheinlich wütend sein auf dein Kind, weil es ja nicht nur sein Leben, sondern auch dein Leben mit seinem Verhalten gefährdet hat. Nun lass uns annehmen, dass du dich in der gleichen Situation befindest, dein Ego jedoch nicht mehr so dominant ist. Du wirst genauso handeln, du wirst losrennen und dein Kind vor dem Auto retten. Doch in diesem Falle handelst du aus Liebe. Du spürst keine Wut und kannst dadurch sogar viel effektiver handeln, denn du verfügst über mehr Energie. Im ersten Beispiel ist deine Energie von deinem Ärger darüber geschwächt, dass dein Kind sich anders verhält als du es wolltest. Im zweiten Fall steht dir die ganze Energie der Liebe zur Verfügung. Dein Handeln erhält dadurch weit mehr Entschlossenheit und Tatkraft.

Wut führt oft dazu, dass meine Kraft an Entschlossenheit verliert, weil ich zu sehr mit meinem eigenen Ego beschäftigt bin. Ich habe die Erfahrung gemacht, dass meine Handlungen nicht mehr so effektiv sind, wenn sie aus Wut erfolgen. Trotzdem handle ich manchmal aus Wut heraus. Ich übe mich selbst in dem, wovon ich hier spreche. Und das kann ich am besten, indem ich an die Orte gehe, die mich wütend machen. Ich gehe auf die Straßen und lebe auf den Straßen, weil es mich wütend macht, dass Menschen gleichgültig an Obdachlosen vorbeigehen und in diesen nicht ihre Mitmenschen erkennen können. Es zieht mich förmlich an Plätze, die mich wütend machen, damit ich lernen kann. Dabei hilft mir eine Methode, die ich entwickelt habe, als ich mit unserem früheren Präsidenten George W. Bush konfrontiert war, dessen Politik ich wirklich verabscheute. Wann immer ich ihn in der Öffentlichkeit sprechen sah, stellte ich ihn mir mit einer roten Clownsnase vor. Ich verabscheute dann zwar nach wie vor seine Politik, doch die Clownsnase bewahrte mich davor, ihn als Mensch zu verabscheuen. Besorg dir doch auch mal so eine Clownsnase und probier es aus. Stell sie dir an einer Person vor, die du verabscheust. Du wirst diesen Menschen dann nicht mehr hassen können. Du wirst sagen: Wie lächerlich! Er ist ein Clown! Letztlich sind wir doch alle Clowns!

Konstantin:

Ich verstehe gut, was du damit sagen willst. Die Sufis sagen: »Hass ist, wie wenn man jeden Tag Gift zu sich nimmt und hofft, den anderen damit zu vergiften.« Doch manchmal ist es tatsächlich schwierig, nicht zu hassen. Ich habe vor einiger Zeit das ehemalige Konzentrationslager Mauthausen besucht. Ich hatte bis dahin schon einige Konzentrationslager besichtigt, doch Mauthausen war für mich die erschütterndste Begegnung mit dem Vernichtungswillen des Faschismus. Alles war dort noch so gut erhalten, dass man das Gefühl bekam, es wäre eben erst befreit worden. Ich bin allein durch die Baracken gelaufen, habe für die Toten meditiert und gebetet und konnte nicht aufhören zu weinen. Mauthausen war eine entsetzliche und zugleich wichtige Begegnung.

Für den Kinofilm *Wunderkinder* bin ich selbst vor kurzem in die Uniform eines SS-Offiziers geschlüpft und musste mit Erschrecken feststellen, wie schnell einen das Tragen einer solchen Uniform verändern kann. Ich habe erstmals am eigenen Leib gespürt, was für eine Verlockung und welch ein Machtgefühl es ist, als Standartenführer durch einen Saal zu spazieren, in dem alle anderen die Untergebenen sind. Mit dem Tragen dieser Uniform spürte ich, dass es auch in mir einen Teil gibt, der wie dieser SS-Offizier ist. Ich wusste zwar theoretisch schon immer, dass wir als Mensch alle Teile in uns tragen und dass auch in mir ein faschistischer Anteil zu finden ist. Mein erbitterter Kampf gegen den Faschismus ist ganz bestimmt auch ein Kampf gegen diesen Schatten in mir selbst. Ich bin zwar nicht wirklich gefährdet, doch mit dieser Rolle habe ich erstmals am eigenen Leib die Gefährdung gespürt – und die kannte ich bis dahin nicht. Indem ich einen SS-Mann darstellte, aktivierte ich diesen Teil, genoss dessen Macht und verabscheute und hasste ihn zugleich. Das bedurfte einer allabendlichen inneren Reinigung nach dem Ausziehen der Uniform. Ich habe bewusst sehr viel meditiert in dieser Zeit. Die Frage ist doch, wie wir mit diesen Schattenteilen in uns selbst umgehen können, ohne sie auszuleben, und wie wir Mitgefühl für uns selbst entwickeln können, um so zum Mitgefühl für andere fähig zu sein. Im buddhistischen Sinne besteht der beste Umgang mit dem Schatten darin, ihn zu entdecken, ihm ins Gesicht zu blicken, ehrlich mit ihm umzugehen und ihn nicht zu verteufeln. Natürlich ist auch in mir ein Gewaltpotenzial vorhanden und auch wenn ich mich als Pazifist verstehe, muss ich wissen, dass ich letztlich nicht gewaltfrei bin, sondern dass Gewaltlosigkeit eine Aufgabe ist, der ich mich täglich neu stellen muss. Ein Mensch wie Mahatma Gandhi konnte das, was unsereins noch lange nicht schafft, bereits leben.

Für mich geht es nicht nur um den Umgang mit dem Faschismus von damals. Ich bin seit Jahren mit den Neonazis konfrontiert, die im Internet gegen mich hetzen und mich und meine Familie bedrohen. Das macht mir manchmal Angst. Und ich bin noch nicht weise genug, um darüber nicht zornig zu werden. Aber ich greife sie mit meinen Texten ja auch an und brauche mich nicht zu wundern, wenn sie reagieren.

Bernie:

Ihre Reaktion zeigt deutlich, dass du gute Arbeit leistest! Wenn dem nicht so wäre, würden sie nicht so heftig auf dich reagieren. Betrachte es als eine besondere Art von Fanpost, die du von ihnen erhältst.

Alles, wofür wir Namen haben, existiert nun einmal und Hass ist eines der menschlichen Gefühle. Alle Gefühle, die existieren, tauchen in jedem Menschen auf. Aus meiner Sicht sind sie erst einmal weder gut noch schlecht. Ich versuche vielmehr mit dem, was auftaucht, zu arbeiten. Ohne es dabei zu beurteilen oder zu kritisieren und ohne darüber nachzudenken, wie ich es loswerden könnte. Ich verurteile Gefühle nicht, sondern entscheide mich dafür, bewusst mit den Gefühlen zu arbeiten, zu denen ich mich hingezogen fühle. Zum Hass fühle ich mich nicht hingezogen. Es gibt Menschen, die fühlen sich vom Hass sehr angezogen. Dazu gehöre ich nicht. Doch deswegen hasse ich sie auch nicht. Natürlich taucht er in meinem Leben mitunter auf, weil etwas geschieht, das ihn auslöst. Früher tat ich dann auch Dinge, die sich im Nachhinein als destruktiv und wenig hilfreich erwiesen haben. Doch ich gebe mir dafür keine Schuld. Aufgrund der Entwicklungen in meinem Leben taucht der Hass kaum mehr auf.

Die Frage ist doch: Wie oft taucht ein Gefühl auf und wie lange besetzt es mich? Reagiere ich darauf? Übernimmt dieses Gefühl die Kontrolle über mich und zwingt es mich dazu, unbewusst und unkontrolliert zu handeln? Es gibt einen Unterschied zwischen reaktiven und aktiven Handlungen. Eine Reaktion auf Hitze ist, zu schwitzen. Eine Aktion ist, den Ventilator einzuschalten, wenn uns zu heiß wird.

Wenn ich auf Menschen treffe, die Hass in die Welt bringen, so habe ich verschiedene Möglichkeiten, damit umzugehen.

Ich kann sie ebenfalls hassen, ich kann sie bedauern und ich kann entscheiden, ihrem Hass etwas anderes entgegenzusetzen. Wenn ich sie hasse, dann ist in jedem Fall mein Ego involviert. Wir hassen, weil etwas nicht so ist, wie wir es haben wollen. Und wir hassen Menschen, weil sie nicht so handeln, wie wir es uns wünschen. Anstatt sie nun einfach zu hassen, kann ich entscheiden: Ich stimme mit deren Interpretation der Welt nicht überein und werde daher versuchen, dieser entgegenzuwirken.

Vielleicht lässt sich das, was ich ausdrücken will, am besten mit der Metapher vom Schlüpfen eines Kükens verdeutlichen. Das Küken befindet sich im Inneren des Eies. Wenn die Zeit zum Schlüpfen kommt, dann pickt das Küken von innen gegen die Eischale. Wenn die Henne das Picken hört, dann beginnt sie von außen an der Eischale zu picken, so dass das Küken herausschlüpfen kann. Dieses Picken im Inneren der Eier ist im übertragenen Sinne das, was wir alle hören – es sind die vielen verschiedenen Stimmen des Universums. Wir können uns nun entscheiden, welche Eier wir öffnen möchten, um deren Inhalt in die Welt zu bringen. Und wenn wir die Geräusche des Hasses in einem Ei hören, dann öffnen wir es nicht, um den Hass nicht in die Welt zu bringen. Wenn wir hingegen die Laute im Inneren einer Eierschale hören, die wir unterstützen wollen, dann picken wir daran, damit das Innere herausschlüpfen kann. Wir alle haben die Wahl, an dem Ei zu picken, dessen Inhalt wir in die Welt bringen wollen. Der Hass hilft uns nicht weiter. Er kann nur zerstören. Durch ihn fügen wir der Welt nur noch mehr Zerstörung hinzu. Wir alle hören die vielen verschiedenen Klänge des Universums. Und wir können uns entscheiden, welche wir unterstützen wollen, um Liebe in die Welt zu bringen.

Konstantin:

Ich empfinde es als sehr angenehm, dass du als Zen-Lehrer keinerlei »missionarische« Ambitionen hast. Das ist ja die Schwierigkeit mit dem Christentum, dass es immer andere missionieren wollte und dabei auch vor keinen Grausamkeiten zurückscheute. Davon scheint sich der Zen-Buddhismus deutlich zu unterscheiden – er stellt sich zur Verfügung, ohne überzeugen zu wollen.

Bernie:

Sicherlich gibt es christliche Glaubensgemeinschaften, die missionieren und bekehren wollen, doch das trifft bei Weitem nicht auf alle zu. Ich selbst schätze die christliche Ausrichtung auf Nächstenliebe und den christlichen Dienst am Menschen sehr. Als wir in den 80er- und 90er-Jahren in Yonkers die Greyston-Organisation aufbauten, habe ich sehr viele Priester und Nonnen getroffen, die ihre Berufung darin sahen, in Obdachlosenunterkünften und Gemeindezentren den Armen beizustehen. Einige meiner besten Freunde waren afroamerikanische Geistliche, die sehr viel Energie und Liebe in die Unterstützung ihrer armen Kirchengemeinden gaben. Ich glaube, dass es immer auf jeden Menschen persönlich ankommt.

In den ersten Jahren meiner Zen-Praxis war ich selbst ein missionarischer Hardliner. Im japanischen Zen gibt es den Kyosaku, den ich anfangs sehr viel benutzte, um die Leute damit zum Erwachen anzutreiben. Ich schrie die Leute an und schlug sie mit dem Stock, bis sie wirklich Angst vor mir bekamen. Heute vergleiche ich diese Art von Zen mit chemischer

Landwirtschaft. Man zwingt die Natur dazu, schneller zu wachsen, doch mit Mitteln, die sie schädigen.

Die Leute sagen oft zu mir: Bernie, jetzt hast du doch so viele Jahrzehnte damit verbracht, traditionelles Zen zu praktizieren. Weshalb sprichst du nicht mehr über diese Jahre und über das, was du dadurch erfahren hast? Meine Antwort darauf ist einfach: Der traditionelle Zen-Weg entspricht mir persönlich heute einfach nicht mehr. Im Zen ist eine strenge Hierarchie vorgegeben. Mein japanischer Meister sagte zu mir: Du kannst nicht der Freund deiner Schüler sein. Du musst deutlich machen, dass du der Meister bist, denn sonst können sie nicht von dir lernen. In dieser Tradition existiert das Wort Freundschaft zwischen Meister und Schüler nicht. Du hast der Lehrer zu sein und deshalb kannst du nicht auf der gleichen Stufe mit deinen Schülern sein. Diese hierarchische Vorstellung ist sehr tief in der japanischen Kultur verankert. Deshalb hat in der Soto-Zenlinie, der ich angehöre, der Zen-Meister eine sehr hohe Stellung inne. Es gibt viele Rituale, die diese mächtige Position zum Ausdruck bringen. Die Schüler verneigen sich täglich vor ihrem Meister, denn in seiner Person repräsentiert er die gesamte ehrwürdige Tradition. Es gibt sehr elaborierte Zeremonien, die die Bedeutung des Lehrers deutlich machen.

Diese machtvolle Position, die einem einzelnen Menschen zukommt, führt natürlich auch zu Problemen. In einer solch mit Bedeutung aufgeladenen Beziehung kommt es zwangsläufig dazu, dass die Schülerinnen und Schüler sehr viel, manchmal auch zu viel von ihrem Lehrer erwarten und alles Mögliche in ihn hineinprojizieren. Manche verlieben sich in ihn. Und zweifelsohne missbrauchen einige Meister diese Situation dann auch.

Nachdem ich selbst viele Jahre an der Spitze dieser Hierarchie stand, begann ich dieses System zu verändern. Ich wollte meinen Schülern nicht mehr Unterweisungen aus dieser machtvollen Position heraus geben. Ich sagte ihnen, wenn sie mit mir zusammen sein wollten, dann sollten sie gemeinsam mit mir an Projekten arbeiten. Ich selbst bin ja in einer Familie von Kommunisten und Sozialisten aufgewachsen. Die Hierarchie im Zen fühlte sich daher für mich von Anfang an seltsam an. Ein Teil von mir fand es immer befremdlich, eine solch machtvolle Position innezuhaben. Ich spürte auch, dass ich selbst etwas von dem zu entwickeln begann, was man in Insider-Kreisen spöttisch den Christus-Komplex nennt. Ich begann zu glauben, dass ich aufgrund dessen, was andere in mir sahen, zu weit mehr fähig wäre als andere Menschen. Du glaubst schließlich selbst, du könntest andere heilen, einfach nur, weil sie es von dir erwarten. Und schließlich meinst du, du würdest über den normalen Gesetzen der Gesellschaft stehen.

Als ich dies erkannt hatte und auch sah, welche Probleme dadurch in meiner Zen-Gemeinschaft entstanden waren, führte ich grundlegende Veränderungen durch. Fortan sprach ich mit meinen Schülern auf einer gleichberechtigten Ebene ohne all die Rituale und Niederwerfungen, die das traditionelle Dokusan (das Gespräch zwischen Meister und Schüler) beinhaltet. Bis zum heutigen Tag betone ich in meinen öffentlichen Vorträgen, dass alles, was ich sage, nicht der Ausdruck einer allgemeingültigen Wahrheit ist, sondern dass es sich dabei einzig und allein um das handelt, was ich, Bernie, in diesem Augenblick für wahr befinde. Und das kann morgen schon wieder anders sein. Das größte Problem wäre für mich, wenn die Menschen das, was ich sage, unreflektiert annehmen würden.

Konstantin:

Als Künstler kenne ich es ja auch, in welch privilegierte und bewunderte Position man kommen kann. Während ich auf Tour bin, kümmern sich viele Menschen hingebungsvoll um mich, und mein Publikum bringt mir Liebe und Aufmerksamkeit entgegen. Wenn ich dann heimkomme, bin ich plötzlich wieder ein ganz normaler Ehemann und Familienvater. Meine Kinder und meine Frau interessiert es herzlich wenig, ob ich berühmt bin, für sie habe ich als Vater und Partner da zu sein. Dieser Umbruch ist tatsächlich nicht immer einfach, doch er ist gut für mich, er ist genau das, was ich brauche, um nicht abzuheben.

Viele spirituelle Leute halten das, was ein Meister sagt, für die Wahrheit, ohne sie kritisch zu hinterfragen. Ich selbst war immer schon misstrauisch gegenüber Autoritäten und damit auch gegenüber spirituellen Lehrern. Das hat sicherlich damit zu tun, dass ich in einem antimilitaristischen und antifaschistischen Elternhaus groß geworden bin. Deshalb war mir von Kindheit an klar, dass man Autoritäten nicht blind folgen darf. Mein Vater hatte eine gesunde und natürliche Autorität, ohne dabei autoritär zu sein. Daher weiß ich, dass es Menschen gibt, die eine gewachsene Autorität haben – das sind aber auch die Menschen, die immer Zweifel an sich selbst zulassen werden. Ein Meister, der sich völlig zweifelsfrei gibt und meint, die Wahrheit zu verkünden, wird mir immer suspekt sein. Wenn er mir jedoch einen Weg aufzeigt, auf dem ich in mir selbst zur Wahrheit finden kann, dann könnte ich ihn als Meister akzeptieren. Ich bewundere Menschen durchaus, die mir an Erfahrung voraus sind, doch deshalb folge ich nicht deren Weg. Mir war es immer schon wichtig, meinen eigenen Weg zu finden.

Bernie:

Es ist wichtig, seine eigenen Erfahrungen zu machen. Und die hast du ja auch gemacht. Doch sowohl im Zen als auch im Christentum gibt es die Aufforderung, sich hinzugeben. Das halte auch ich für wichtig, aber man muss sich diese Aufforderung genauer anschauen. Im Zen sprechen wir von einem Lehrer und nicht von einem Guru. Denn es gibt im Zen nicht die Hingabe an einen Guru, die anderen spirituellen Traditionen zu eigen ist. Im Zen spricht man von den drei Schätzen: Buddha, die Verkörperung des Erwachenden, Dharma, die Lehre, und Sangha, die Gemeinschaft. In der indischen Tradition gibt es noch den vierten Schatz, und dieser ist der Guru. Die Unterwerfung unter den Guru wird hier als absolut angesehen. Wenn der Guru von dir verlangt, vom Kliff zu springen, dann tust du das. Auch wenn es im Zen manche Lehrer gibt, die sich wie Gurus verhalten, so ist diese Art der Unterwerfung nicht Teil des Zen. Der Lehrer versteht sich mehr als eine Art Bergführer, der dich beim Aufstieg begleitet und unterstützt. In der Soto-Tradition, zu der ich gehöre, gibt es ein Übertragungsritual, in dem der Lehrer seinem Schüler verspricht: »Ich bin bereit, dir zu helfen, ganz egal, was geschieht.« Das ist eine Art Initiationsritus, in dem Lehrer und Schüler geloben, sich fortan zu unterstützen. Das unterscheidet sich völlig von der Idee eines Gurus, der erwartet, dass du tust, was er möchte.

Für mich bedeutet Unterwerfung einzig und allein, sich dem Zustand des Nicht-Wissens auszuliefern, um dorthin zu gelangen, wo du schließlich sagen kannst: »Ich kenne die Wahrheit nicht, ich habe keine Antwort, ich bin bereit, auf das Universum zu hören.« Das ist für mich Unterwerfung. Die Dinge nicht auf der Grundlage meiner Vorstellungen anzugehen, sondern zu erkennen, dass meine Idee nichts anderes ist als eine Idee und damit offen zu bleiben für all die anderen Ideen um mich herum. Das ist es, was Hingabe auszeichnet, und diese unterscheidet sich gänzlich von der Unterwerfung unter einen anderen Menschen.

Wir geraten im Umgang mit Meistern immer wieder in Gefahr, dies zu verwechseln und das hat mit unserer Kindheit zu tun. Kinder wollen zwar auf der einen Seite frei sein, doch zugleich sehnen sie sich nach Grenzen und nach Erwachsenen, die ihnen eine Richtung vorgeben. Und selbst wenn wir bereits erwachsen sind, suchen wir immer noch nach jemandem, der uns sagen kann, wo es lang geht. Ich selbst habe in meinen Anfangsjahren des Zen geglaubt, dass es unmöglich sei, ohne einen Lehrer zu praktizieren. Ich hätte zu jedem Menschen gesagt: Du kannst das alleine nicht schaffen, such dir einen Lehrer. Erst als ich viele weise Menschen getroffen hatte, die niemals einen Lehrer hatten, hat sich diese Überzeugung gelockert. Wovon ich aber immer noch überzeugt bin, ist, dass du einen Lehrer brauchst, wenn du bestimmte Techniken und Methoden lernen willst. Das ist nicht anders als beim Schreinerhandwerk auch. Wenn du ein Schreiner werden willst, dann gehe zu einem Schreiner in die Lehre.

# Eine Anstiftung zum Einmischen: Es geht ums Tun!

## *Miteinander wachsen*

Konstantin:

Ich lerne sehr viel im Kontakt und im Miteinander und der Vernetzung mit Menschen. Und mich bewegt natürlich auch die Frage, die viele Menschen derzeit bewegt: Was können wir tun, um die Zerstörung der Welt aufzuhalten? Deshalb ist für mich das gesellschaftspolitische Engagement auch so wichtig. Allerdings ohne eine Partei und frei von Ideologie. Und was mich an dir so fasziniert, ist diese gelungene Verbindung von aktivem Handeln mit einer spirituellen Praxis. Das finde ich geradezu vorbildlich.

Mittlerweile gibt es viele Menschen und Gruppen, die sich Gedanken darüber machen, was nach der nächsten großen Katastrophe zu tun ist. Und das ist ja auch nicht weit hergeholt, wir müssen uns ja nur umschauen, was derzeit in der Welt geschieht. Wenn du dir die Welt ansiehst, Bernie, glaubst du, dass wir noch eine Chance haben, uns nicht selbst auszurotten? Hast du noch Hoffnung?

Bernie:

Hoffnung habe ich immer. Für mich ist es in diesem Zusammenhang sehr wichtig, zwischen Hoffnung und Erwartung zu unterscheiden. Denn obwohl ich Hoffnung habe, habe ich keine Erwartungen. Im Zen haben wir ein Koan, das die Frage stellt: »Was geschieht, wenn die Welt zerstört ist?« Die Sorge um die Zerstörung der Welt ist wahrscheinlich so alt wie die Welt selbst. In der buddhistischen Philosophie gibt es die Zeitrechnung der Kalpas. Ein Kalpa ist eine immense, fast unvorstellbare Zeitspanne. Um eine Ahnung von einem Kalpa zu bekommen, können wir uns einen Felsblock riesigen Ausmaßes vorstellen, an dem alle hundert Jahre ein Engel vorbeikommt und den Granitblock mit seinen Flügeln streift. Wenn der Felsblock schließlich dadurch abgetragen ist, dann ist ein Kalpa vorüber. Am Ende eines Kalpas steht die Vernichtung der gesamten Schöpfung. Der Buddhismus lehrt, dass das Universum wächst und sich ausdehnt und schließlich langsam zu sterben beginnt, bis es in einer großen Katastrophe vernichtet wird, um anschließend neu zu wachsen.

Im Zen wird diese Frage weniger philosophisch angegangen, sondern mehr erfahrungsbezogen. Und die Erfahrung zeigt, dass Wachstum, Verfall und Auflösung alle zugleich in diesem Augenblick stattfinden. Das heißt, die Katastrophe findet jetzt statt. Und was danach kommt ist nichts anderes als das, was jetzt bereits ist.

Ich hoffe darauf, dass unser Bewusstsein sich immer weiter entwickelt, um uns in die Erfahrung der Einheit und Verbundenheit des Lebens zu führen. Der christliche Philosoph Teilhard de Chardin formulierte diesen Gedanken von einem sich entwickelnden Bewusstsein bereits im 19. Jahrhundert. Als Jesuit war er davon überzeugt, dass es sich seit seinen Ursprüngen auf Gott hin entwickelt. Auch ich bin davon überzeugt, dass sich das globale Bewusstsein unablässig entwickelt. Als ich vor 50 Jahren mit der Zen-Praxis begann, war die Idee von der Verbundenheit allen Seins in unserer Gesellschaft noch weitgehend unbekannt und fremd. Zwischenzeitlich ist dieses Wissen weit verbreitet. Das bedeutet, dass sich innerhalb der relativ kurzen Zeitspanne meines Lebens im kollektiven Bewusstsein bereits viel verändert hat. Meine Hoffnung besteht darin, dass diese Entwicklung weitergeht und dass uns mit der voranschreitenden Bewusstseinsentwicklung auch die Erkenntnis erwächst, dass wir verantwortungsvoll mit unseren Lebensgrundlagen auf der Erde umgehen müssen. Das sind meine Hoffnungen. Erwartungen habe ich keine. Deshalb kann ich auch nicht enttäuscht werden.

Konstantin:

Ich teile deine Hoffnung, denn auch ich sehe dieses wachsende Bewusstsein in der Gesellschaft und meinem eigenen Leben. Was jetzt ansteht ist, darüber nachzudenken, wie wir nachhaltig miteinander leben können. Dafür ist es wichtig zu erkennen, was wir bislang falsch gemacht haben, um auf dieser Grundlage völlig neue Konzepte des Zusammenlebens erarbeiten und entwickeln zu können. Es geht um ein Zusammenleben des Miteinanders, um diesem Wettbewerbsdenken der patriarchal-kapitalistischen Gesellschaft etwas Neues entgegenzusetzen. Ich plädiere hierbei für ein eher matriarchales Projekt als Gegenentwurf. Die spirituelle Lehrerin Ma Jaya sagte vor kurzem in einem Interview: »Fang ganz klein an. Schau wie es sich anfühlt, für etwas Sorge zu tragen. Und lass es Nahrung finden. Lass es wachsen. Ja, es überwältigt einen. Aber in mir ist eine solche Leidenschaft für das, was man tun kann! Und wenn wir untergehen, dann gehen wir unter – aber nicht, ohne es davor zu versuchen.«

Wie wäre es denn, wenn sich jeder von uns für einen kleinen Teil, nur ein paar Quadratmeter der anderen, betrogenen Welt tätig verantwortlich fühlen würde, ganz im Sinne von Albert Schweitzers Ethikbegriff der tätigen Hingabe?

Wir müssen uns bewusst machen, dass wir alle das kapitalistische Denkmodell verinnerlicht haben, das besagt: Wer Geld hat, hat es verdient, und wer keines hat, ist selbst dran schuld. Es gibt auch überhaupt nichts daran auszusetzen, dass jemand, der hart arbeitet, ein gutes Einkommen hat. Wir vergessen jedoch die Frage zu stellen, was mit denen ist, die gar nicht die Voraussetzungen dafür haben, sich durch ihren Fleiß oder durch ihr Talent einen guten Lebensunterhalt zu verdienen. Wäre ich selbst an einem anderen Ort in dieser Welt geboren, könnte ich mein Talent auch nicht so gewinnbringend einsetzen, wie ich es in Deutschland kann. Und was ist mit all denen, die keinen kräftigen Körper, cleveren Geist oder künstlerisches Talent haben? Das alles hat mit Gerechtigkeit nichts zu tun, allenfalls mit Glück. Dass ich auf der Sonnenseite geboren wurde, ist nicht mein Verdienst und letztlich vielleicht auch dem geschuldet, dass andere weniger Glück hatten als ich. Wer sich dessen bewusst wird, ist bereit zu teilen und Verantwortung zu übernehmen. Es gibt wunderbare Modelle, konkret Verantwortung zu übernehmen, sei es in Form von einer Patenschaft oder der Unterstützung einer Familie oder Dorfgemeinschaft in armen Ländern dieser Erde. Wir leben in der westlichen Welt nach wie vor im Überfluss. Wenn jeder Wohlhabende sich für einen bestimmten Fleck auf dieser Erde verantwortlich fühlen würde, könnten wir unglaublich viel bewegen. Je mehr Menschen hierfür konkrete Modelle entwickeln, desto besser.

Bernie:

Es ist sehr wichtig, über andere Formen des Zusammenlebens und des Handelns nachzudenken. Dies wurde mir nach dem 11. September 2001 sehr deutlich bewusst. Als der Anschlag geschah, hatten die progressiven und liberalen Kräfte in den USA darauf keine Antwort. Deshalb gelang es den Konservativen umgehend, die gesamte Situation zu übernehmen und zu kontrollieren. Was in der Folge geschah, war durchaus auch dem Versagen der liberalen Kräfte geschuldet. In den darau folgenden Tagen meldete sich keine einzige mäßigende Stimme zu Wort. Nach jeder Katastrophe entsteht ein Vakuum und genau in diesem Vakuum übernimmt jemand die Macht. Und das sind meist die Konservativen, weil diese besser auf solche Situationen vorbereitet sind. Das bedeutet also, dass auch wir, die wir uns eine andere Welt erhoffen, uns intensiv Gedanken über Alternativen machen müssen. Die Peacemaker haben zu dieser Zeit viel politische Arbeit geleistet und haben vor allem auch im Mittleren Osten nach Konfliktlösungen gesucht.

Doch ich bin auch davon überzeugt, dass wir vor lauter Planung, wie wir mit der nächsten Katastrophe umgehen sollen, nicht damit aufhören können, uns um all die Menschen zu kümmern, die jetzt in diesem Moment unsere Hilfe brauchen. Es geht darum, beides zu tun. Ich schätze die kreativen Think-Tanks sehr, doch ich selbst fühle mich mehr dazu berufen, den Menschen jetzt zu helfen und wenn jemand jetzt hungrig ist, ihm etwas zu essen zu geben.

Es gibt unendlich viele Möglichkeiten für angewandtes Mitgefühl in der Welt. Wir müssen einfach nur hinsehen, was genau in diesem Moment erforderlich ist. Vielleicht ist es die alte Frau, der wir beim Treppensteigen behilflich sein können, vielleicht ist es der Obdachlose auf der Straße, an dessen Seite wir uns zu einem Gespräch niederlassen. Vielleicht helfen wir dabei, Jobs und Unterkünfte für Menschen, die auf den Straßen leben, zu organisieren. Das ist es, was wir mit der Gründung der Zen-Peacemaker taten. Viele unserer sozialen Projekte waren erfolgreich, manche erreichten nicht das beabsichtigte Ziel. Doch liebevolles Handeln an sich leistet immer einen Beitrag dazu, das Leiden in der Welt zu verringern. Wichtig dabei ist, sich nicht mit dem Ergebnis zu identifizieren, sondern sich nach jeder Aktion neu auszurichten und aus dem Geschaffenen zu lernen.

## *Liebe in die Welt bringen*

Konstantin:

Ich versuche seit langem, in den gesellschaftspolitisch engagierten Kreisen, in denen ich mich bewege, deutlich zu machen, dass wir eine andere, eine gerechtere Welt nur durch die Einbeziehung einer spirituellen Weltsicht erreichen können. Ich bin dafür oft angegriffen worden: »Hör doch auf mit deinem Esoterik-Kram«, kam es von politischer Seite und von spiritueller Seite: »Hör doch mal auf mit deinem politischen Aktivismus, das geht doch nicht zusammen mit einem spirituellen Leben.«

Mit deinem Leben zeigst du auf, dass beides sehr wohl zusammengeht und sogar zusammengehört. Ich habe großen Respekt vor deiner Arbeit, das möchte ich dir an dieser Stelle einfach noch einmal sagen. Würdest du sagen, dass die sozialen Projekte, die du gegründet hast, auf Liebe basieren?

Bernie:

Ganz sicher. Meiner Erfahrung nach bringt sozial engagiertes Handeln die Liebe in uns hervor. Es geht für mich immer um Mitmenschlichkeit. Die Essenz des Buddhismus liegt darin, die Einheit des Lebens zu erfahren. Und wir erfahren diese am eindrücklichsten, indem wir anderen dienen. Wenn du dich um einen anderen Menschen kümmerst, dann ist dies Ausdruck von Liebe. Die Praxis des sozial engagierten Buddhismus, so wie ich sie vermittle, ist das Handeln aus der nicht-dualistischen Erfahrung. Das unterscheidet sich grundlegend von landläufigen Vorstellungen des Helfens. Denn es beruht auf den drei Grundlagen der Zen-Peacemaker vom Nicht-Wissen, Zeugnis ablegen und liebevollem Handeln. Wir gehen in jede Situation nicht-wissend und mit völliger Offenheit hinein, wir hören sehr genau auf die Menschen, denen wir dienen wollen, und legen Zeugnis ab von dem, was sie fühlen und was sie brauchen. Wenn wir aus einer nicht-dualistischen Sichtweise heraus handeln, dann kümmern wir uns nicht nur um die anderen, sondern sorgen zugleich auch für den Teil in uns, der hungrig ist, sich verletzt und ungeliebt fühlt. Wir helfen also immer auch uns selbst, indem wir anderen helfen. Dies öffnet uns für die Erfahrung der wechselseitigen Verbundenheit des Lebens. Wir strecken bewusst die Hand nach dem anderen aus, wissend, dass es einen anderen gar nicht gibt, da wir alle eins sind. Doch viele Menschen erleben sich als getrennt von den anderen. Indem sie diesen zu dienen lernen, erfahren sie die Verbundenheit mit ihnen.

Meine erste entscheidende Veränderung begann mit meinen Straßen-Retreats. Wenn wir für eine Woche auf die Straße gingen, dann hatten wir nichts bei uns, kein Geld, keine Nahrung, nur die Kleidung, die wir am Leibe trugen. Wir waren obdachlos. Und so wurden wir auch von den Menschen behandelt, die entweder wegblickten oder uns mit Abscheu betrachteten. Ich musste feststellen, dass selbst die Helfer in den Suppenküchen auf uns herabblickten. Wir waren zwar froh und dankbar für das Essen, das wir dort erhielten, denn wir waren hungrig. Doch obwohl uns die Helfer sagten, dass sie unsere Brüder und Schwestern seien und uns als ihren Nächsten liebten, vermittelten sie den Anschein, dass sie sich für die besseren Menschen hielten. Sie gaben uns zu essen, nahmen uns durch ihr Mitleid jedoch zugleich ein Stück unserer Würde. Damals bereits entschloss ich mich, meine eigene Arbeit mit Obdachlosen anders zu gestalten – ohne Trennung und frei von Überlegenheit. Was die Menschen auf den Straßen am dringendsten benötigen, ist gesehen, anerkannt und geliebt zu werden. Das ist es doch, was wir uns alle wünschen.

Um sich wirklich effektiv engagieren zu können, muss man erst herausfinden, was eigentlich Sache ist. Das ist die Zen-Basis unseres sozialen Engagements: durch größtmögliche Offenheit Zeugnis ablegen von dem, was wir vorfinden. Wir betreiben mittlerweile eine Suppenküche, die wir bewusst nicht Suppenküche nennen, sondern einfach nur Café. Jeder, der hereinkommt, wird bedient und wir servieren gutes Essen an gedeckten Tischen. Wenn du das Café betrittst, kannst du erst einmal nicht unterscheiden, wer arm und wer reich ist, wer obdachlos ist und wer nicht. In das Café können Menschen aller Gesellschaftsschichten kommen. Diejenigen, die Geld haben, bezahlen für das Essen, und diejenigen, die keines haben, kriegen es umsonst. Das Ausschlaggebende dabei ist, dass keiner sich als Mensch zweiter Klasse fühlt. Unser Motto lautet: Dienen mit Würde, Dienen mit Liebe. Das ist eine Arbeit, in der sich Liebe gleichsam auf natürliche Weise entwickelt.

Konstantin:

Was für eine großartige Idee – ein gemeinnütziges Café, in dem einfach alle Menschen ohne Unterschied beieinander sitzen! Ich hoffe, dass dies auch hier in Deutschland Nachahmer findet. Das ist ein gelungenes Beispiel für das, was Albert Schweitzer »tätiges Mitgefühl« nannte. Es gibt im reichen München viele arme Leute und Obdachlose, auch wenn sie nicht so sichtbar sind wie in anderen Städten. Viele der Obdachlosen in München erkennen mich, wenn sie mir begegnen, und sie wissen von meiner Drogenvergangenheit. Das verbindet uns. Als ich im Gefängnis war, schrieb einer von ihnen auf eine Häuserwand: »Wir wollen unseren Seelensänger zurück.« Das hat mich sehr berührt.

Die Liebe, über die wir hier sprechen, zeigt sich im tätigen Mitgefühl. Der von mir sehr verehrte Psychoanalytiker Arno Grün hat ein Buch geschrieben mit dem Titel: *Der Verlust des Mitgefühls*. Darin zeigt er auf, dass in unserer auf Wettbewerb und Konkurrenz basierenden Gesellschaft so etwas wie Mitgefühl gar nicht erwünscht ist. Es ist eine Gesellschaft, in der man Leistung erbringen und Karriere machen muss und beides ist nicht vereinbar mit tätigem Mitgefühl.

Ich merke bei der Erziehung meiner Kinder, wie schwer es ist, gegen eine Ablenkungsindustrie anzukämpfen, die sich vor allem die Kinder als Opfer ausgesucht hat. Neulich entdeckte ich meinen Sohn beim Videospielen mit einem sogenannten Autorennen, bei dem man, wenn man ein neues Auto braucht einfach einen anderen Fahrer aus seinem Auto prügelt, überfährt oder erschießt! Nun ist das ja nicht einmal eines der brutalsten Videospiele und tarnt sich auch mit postmoderner Witzigkeit, aber mir wurde klar, welcher Ungeist unsere Kinder beseelen soll: Nimm dir, was du brauchst, ohne Rücksicht auf Verluste, und versuche der Schnellste und Beste zu sein. Ich glaube, dass das Wiederentdecken des Mitgefühls eine Revolution der Liebe ist. Das Wichtigste, das wir unseren Kindern mit auf den Weg geben können, ist, ihnen vorzuleben, wie man mit anderen Menschen mitfühlen kann.

Mitgefühl ist im tibetischen Buddhismus ja sehr wichtig, doch wie hält es der Zen, der stark von der japanischen Kultur geprägt ist, mit dem Mitgefühl?

Bernie:

Der Buddhismus lehrt uns Weisheit und Mitgefühl. Im Zen liegt der Schwerpunkt mehr auf der Erlangung von Weisheit und zwar durch die Erfahrung der Non-Dualität. Mittels dieser, so heißt es, entstehe dann die Erfahrung des Mitgefühls von selbst. Ich bin davon nicht ganz überzeugt, denn in den Jahrzehnten meiner Zen-Praxis habe ich gesehen, dass die meisten Menschen in erster Linie deshalb meditieren, weil sie sich selbst besser fühlen möchten. Sie wollen etwas für sich erreichen, die einen wollen erleuchtet werden, die anderen wollen sich ruhiger und stabiler fühlen oder ihr Leben besser in den Griff bekommen. Am Ende geht es meistens doch um sie selbst. Das galt übrigens ebenso für mich. Als ich mit der Meditation begann, wollte ich unbedingt erleuchtet werden. Ich war geradezu fanatisch. Zen wurde zum Wichtigsten für mich, meine Familie stand immer nur an zweiter Stelle, schließlich trennte ich mich von meiner ersten Frau. Es ging mir also auch beim Meditieren letztlich immer mehr um mich und um das, was ich selbst erreichen wollte. Und das geht vielen Menschen nicht anders. Und natürlich gibt es auch zahllose Menschen, die anderen dienen, ihrer Familie ebenso wie der Gesellschaft. Und es gibt Menschen wie den Dalai Lama, die der ganzen Menschheit dienen.

Die Frage, die sich uns stellt, ist doch, wie wir das Mitgefühl zum Wachsen bringen können. In der traditionellen Zen-Praxis kommt das Mitgefühl meines Erachtens zu kurz. Da der Schwerpunkt auf der Erlangung von Weisheit liegt, kann es lange dauern, bis daraus Mitgefühl erwächst. Ich selbst lege den Schwerpunkt der Zen-Praxis daher auf das Mitgefühl, da ich erfahren habe, dass uns aus diesem die Weisheit schneller erwächst. Der sozial engagierte Buddhismus, der auf tätigem Mitgefühl basiert, ist mittlerweile fast so etwas wie eine neue Schule im Buddhismus. Auf diesem Weg erwächst dem Menschen Liebe durch aktives Handeln. In einer auf sozialem Handeln ausgerichteten Zen-Praxis erscheint sie ganz natürlich und gleichsam von selbst. In den USA entwickelt sich der sozial engagierte Buddhismus sehr schnell. Immer mehr spirituelle Lehrer stellen fest, dass die Menschen Weisheit erlangen, indem sie Mitgefühl entwickeln. Einige Buddhisten sprechen bereits davon, dass sich mit dem sozial engagierten Buddhismus eine neue Epoche im Buddhismus entwickelt. Dem Dalai Lama selbst liegt der sozial engagierte Buddhismus sehr am Herzen. Auch er sagt, dass die Liebe das Wichtigste ist. Das ist für Buddhisten nicht unbedingt üblich, dies zu sagen. Ich kenne den Dalai Lama seit 30 Jahren und auch seine Sprache hat sich in den letzten Jahren sehr verändert. Seine Botschaft ist: Jeder Mensch möchte lieben und geliebt werden, ganz gleich, welcher Kultur oder welcher Religion er angehört.

Konstantin:

Das ist schon interessant, wie sich die Bedeutung von Worten verändert. Worte sind ja letztlich nichts anderes als Symbole. Es gibt Worte, die wissenschaftlich etwas ausdrücken, doch auch diese sind Symbole. Schwerkraft ist so ein Wort. Wir können dem viele Bedeutungen geben. Mir kam vor kurzem der Gedanke, dass die Schwerkraft doch auch nichts anderes ist als Liebe. Sie hält alles zusammen und verhindert, dass das Universum auseinanderdriftet oder in sich zusammenstürzt. Es ist doch eigentlich ein Wunder, dass der Mond nicht auf uns herunterfällt. Wir können es das Gesetz der Schwerkraft nennen, können es aber genauso gut auch Liebe nennen. Es ist die Liebe, die die Welt im Innersten zusammenhält. Davon sind Wissenschaftler wie der Physiker Hans-Peter Dürr oder der Neurobiologe Gerald Hüther ebenso überzeugt wie ich. Liebe ist doch der Grund, weshalb alles existiert und funktioniert.

Die große Politik ist ganz sicher keine Politik der Liebe. Doch wenn wir etwas verändern wollen, dann brauchen wir eine Politik, die das Wohl aller Menschen im Auge hat. Alle Versuche, die Politik von oben herab zu verändern, sind bislang gescheitert. Wir mussten es erneut an Barack Obama erleben. Ich bin sicher, dass er etwas Neues schaffen wollte, doch das kann ihm innerhalb eines bereits korrumpierten politischen Systems nicht gelingen. Er hat als anständiger Mensch in der Position, die er innehat, keine Chance, eine ehrliche Politik zu machen. Ich bin mir sicher, dass wir die große Politik nicht ändern können. Sie ist von Grund auf falsch, die Erde geht unaufhaltsam daran zugrunde, während die Menschen weltweit verhungern. Wir müssen im Sinne einer Graswurzel-Revolution in kleinen Gruppen Politik von unten machen. Und das heißt für mich, nicht nur zu protestieren gegen das, was falsch läuft, sondern es gezielt anders zu machen. Das gelingt uns meines Erachtens nur in kleinen Gruppen, die sich ihrerseits mit anderen Gruppen vernetzen.

Bernie:

Der Biologe Jonas Salk, der den Impfstoff gegen Kinderlähmung entdeckte, besuchte einige Male unser Zen-Zentrum in

Los Angeles. Was wir tun sollten, sagte er zu mir, ist, der Wirkung von gesunden Zellen zu vertrauen. Durch dieses Vorgehen besiegte er die Krankheit: Er pflanzte gesunde Zellen in einen kranken Körper. Eine gesunde Zelle wächst und reproduziert sich. Und dadurch verändert sich das System langsam von innen heraus. In dieser Vorgehensweise liegt für mich die Chance, die wir gesellschaftspolitisch haben. Wir bringen gesunde Zellen in das System und unterstützen deren Wachstum und Verbreitung. Das gelingt uns, indem sich Menschen zusammenschließen und zusammenarbeiten, um viele kleine Zellen zu bilden. Diese wiederum nehmen Einfluss auf das Gesamtsystem. Wir sehen diese Entwicklung derzeit überall und es gibt unzählige Möglichkeiten, neue Zellen in diese Gesellschaft einzubringen, sei es durch ein gemeinsames Buch, ein Lied, journalistische Arbeit, eine Internetplattform, ein soziales Projekt, eine Protestaktion ... Wir können die Gesellschaft nicht von oben herab verändern. Um die Gesellschaft zu verändern, bedarf es kleiner Gruppen, die Neues in das System initiieren und es in diesem verbreiten. Die neuen Technologien stellen uns hierfür vielfältige Möglichkeiten zur Verfügung und die jüngere Generation ist überaus geschickt darin, neue Vernetzungs- und Kommunikationsmöglichkeiten zu initiieren. Wenn sie ihre Fähigkeiten nutzt, um gesunde Zellen in das Netzwerk hineinzubringen, dann verbreitet sich das rasant schnell. Das ist es, was wir momentan in all den Aufbruchsbewegungen und friedlichen Revolutionen in der ganzen Welt sehen können.

Konstantin:

Revolution bedeutet Umbruch und Umwälzung und sie bedeutet, dazu in der Lage zu sein, sich selbst und sein Leben immer wieder radikal in Frage zu stellen und zu verändern. Wenn ich sage, wir brauchen keine Reformen, sondern eine Revolution, dann meine ich das durchaus ernst. Die Menschen denken bei Revolutionen immer gleich an gewalttätige Mobs, an Laternenpfähle und Guillotinen. Da ist aber nicht das Wesen der Revolution, sondern deren Auswüchse. Eine Revolution beginnt immer mit dem Um- und Neustrukturieren des eigenen sowie des gesellschaftlichen Denkens. Für mich bedeutet dies in der gegenwärtigen Situation das Zusammenwachsen einer neuen Spiritualität mit einer engagierten sozialen Politik. Das beinhaltet die Bereitschaft, sich selbst ständig zu revolutionieren, sein eigenes Denken permanent zu hinterfragen, zu überprüfen und sich neben all der gesellschaftspolitischen Aktivität immer auch Zeiten der Stille zu gönnen.

Wir beide sprechen hier über eine Revolution der Liebe. Und dieser geht es nicht darum, etwas zu zerstören, sondern Neues aufzubauen, zu entwickeln und zu unterstützen. Eine gesunde Zelle in das System bringen und deren Wachstum zu nähren.

Ein gelungenes Beispiel hierfür sind für mich Internet-Aktionen, die gezielt dazu aufrufen, Fair-Trade-Projekte und Unternehmen, die ethisch und nachhaltig wirtschaften, zu unterstützen, indem im Netz dazu aufgerufen wird. Die Methode ist einfach und äußerst effektiv: Vergesst die schlechten Läden und unterstützt die guten! Wir alle können jeden Tag einen entscheidenden Beitrag für eine bessere Welt leisten. Jeder Einzelne von uns kann eine Wirtschaft der Nachhaltigkeit unterstützen. Wir können darüber entscheiden, welche Firmen wir mit unserem Geld unterstützen, ob wir Kleidung tragen wollen, die ohne Kinderarbeit und Ausbeutung produziert wurde, ob wir Kosmetik benutzen, die ohne Tierversuche hergestellt wurde, ob wir den kleinen Bio-Laden an der Ecke unterstützen, anstatt unser Geld zur Supermarktkette zu tragen, und ob wir unseren Strom von umweltfreundlichen Betreibern beziehen, die auf Nachhaltigkeit der Ressourcen bauen. Unser Einflusspotenzial ist enorm und erfordert einzig die Bereitschaft, uns zu informieren und unserem Wissen entsprechend zu handeln.

Bernie:

Ja, es ist eine große Zeit des Umbruchs und der Hoffnung. Im Buddhismus gibt es eine Metapher für die Verbundenheit des Lebens. Es ist Indras Netz. Dafür musst du dir ein Netz vorstellen, das durch Zeit und Raum gespannt ist. An jedem Knotenpunkt befindet sich eine Perle und in jeder einzelnen Perle spiegeln sich alle anderen Perlen des Netzes. In allen Perlen spiegelt sich wiederum jede einzelne Perle. Jede Perle steht für eine Erscheinung des Lebens. In diesem Moment, in dem wir zusammen sprechen, sind wir eine Perle. Und im nächsten Moment sind wir bereits eine andere Perle. Das ist eine Metapher für das Leben, in dem alles miteinander verbunden ist und in dem sich alles in allem widerspiegelt. Jede Berührung, egal an welchem Punkt des Netzes, bringt das gesamte Netz zum Schwingen. Der Psychoanalytiker C. G. Jung nannte dies das kosmische Bewusstsein. In unserer heutigen Zeit ist das Internet ein Ausdruck von Indras Netz geworden. Und es ist vielleicht kein Zufall, dass Internet und Indras Netz sehr ähnlich klingen. Es ist an der Zeit zu erkennen, dass wir mit allen und allem in einem großen kosmischen Netz verbunden sind und dass alles, was wir tun, Auswirkungen auf das gesamte Gefüge hat.

Konstantin:

Mir gefällt die Vorstellung ungemein gut, dass wir mit gesunden Zellen – wir können sie auch Zellen der Liebe nennen – ein zerstörerisches System gewaltlos verändern können. Die Möglichkeit der politischen Einflussnahme wirkt über diese vielen kleinen Zellen. Sie sind es, die neue Modelle des Zusammenlebens und des Handelns kreieren. Nur miteinander vernetzte Menschen sind in der Lage, das Neue zu schaffen, das wir vielleicht im Moment noch gar nicht erdenken können. Und dieses wirklich Neue, was wir da fühlen, das können nur ganz viele Individuen gemeinsam zustande bringen. Es geht nun darum, unser Wissen in die Tat umzusetzen. Genau da, wo wir sind, und uns dann mit anderen zu vernetzen. Das kann zu einem plötzlichen Bewusstseinssprung führen, der alles durcheinander wirbelt. Jeder Einzelne kann an diesem neuen Bewusstsein teilhaben und es in die Welt bringen. Das haben wir beim Berliner Mauerfall und auf dem Tahrir-Platz in Kairo miterleben dürfen, was geschehen kann, wenn viele Einzelne an einem Platz gemeinsam zusammenströmen und damit den Lauf der Welt entscheidend verändern.

Ja, ich bin voller Hoffnung, den Aufbruch einer neuen, besseren Zeit miterleben zu dürfen. Etwas in mir ist wirklich davon überzeugt, dass wir die Welt sofort und ohne Umschweife ändern können. Wir brauchen auf niemanden und nichts mehr zu warten. Die Welt des Profits und der Konkurrenz ist in der Krise und geht ihrem wohlverdienten Ende entgegen – aber die Welt der Liebe, Verbundenheit und Kooperation hat sich durch viele einzelne Menschen und deren Vernetzung untereinander im kollektiven Bewusstsein weit nach vorne gearbeitet. Wir alle haben Anteil daran. Es ist nun an uns, zu handeln und die Kostbarkeit dieser Welt zu bewahren.

# Danksagung

Unser herzlicher Dank geht an den Kösel-Verlag, der dieses Buch möglich machte. Inniger Dank gebührt unserer Lektorin Heike Mayer, die das Projekt mit Kompetenz und Kreativität, mit Inspiration und großem Knowhow begleitete und in den sicheren Hafen der Veröffentlichung geleitete.

Bernie Glassman möchte an dieser Stelle seiner Frau Eve Myonen Marko für ihre konstruktive Mithilfe an seinem biografischen Text danken.

Ein besonderer Dank geht auch an Ursula Richard für die Mitorganisation des gemeinsamen Events in Berlin, mit dem alles seinen Anfang nahm.

In dieses Buch sind die Inspirationen, Ideen und Aktivitäten vieler Menschen eingeflossen. Es versteht sich als Beitrag eines über die Erde ausgespannten Netzwerkes, in dem sich unzählige Menschen durch ihr soziales, politisches und spirituelles Engagement für den Wandel der Welt einsetzen.

Gewidmet ist dieses Buch all den mutigen Menschen, die wie wir davon überzeugt sind: Es geht ums Tun und nicht ums Siegen!

# Weiterführende Literatur

## Bücher der Autoren

Glassman, Bernard: *Anweisungen für den Koch. Lebensentwurf eines Zen-Meisters.* Edition steinrich, 2010

Wecker, Konstantin: *Die Kunst des Scheiterns. Tausend unmögliche Wege, das Glück zu finden.* Piper, 2007

Wecker, Konstantin: *Uferlos.* Piper, 2009

Wecker, Konstantin: *Stürmische Zeiten, mein Schatz. Die schönsten deutschen Liebesgedichte.* Piper, 2009

## Empfohlene Literatur

Beck, Charlotte Joko: *Einfach Zen.* Edition steinrich, 2011

Brodbeck, Karl-Heinz: *Buddhistische Wirtschaftsethik.* Edition steinrich, 2011

Christakis, Nicholas u. James Fowler: *Connected! Die Macht sozialer Netzwerke und warum Glück ansteckend ist.* Fischer, 2009

Dürr, Hans-Peter: *Warum es ums Ganze geht. Neues Denken für eine Welt im Umbruch.* Oekom, 2009

Felber, Christian: *Die Gemeinwohl-Ökonomie. Das Wirtschaftsmodell der Zukunft.* Deuticke, 2010

Gruen, Arno: *Der Verlust des Mitgefühls.* Dtv, 1997

Hawken, Paul: *Wir sind der Wandel.* Hans-Nietsch-Verlag, 2010

Hessel, Stéphane: *Empört euch!* Ullstein, 2010

Hessel, Stéphane: *Engagiert euch!* Ullstein, 2011

Hüther, Gerald: *Die Evolution der Liebe.* Sammlung Vandenhoeck, 2009

Jäger, Willigis: *Über die Liebe.* Kösel, 2009

Leggewie, Claus u. Harald Welzer: *Das Ende der Welt, wie wir sie kannten.* Fischer, 2009

Maizumi, Taizen: *Das Herz des Zen.* Theseus, 2002

*Meister Eckhart,* hrsg. v. Josef Quint. Carl Hanser Verlag, 1977

Spannbauer, Christa: *Im Haus der Weisheit. Spirituelle Lehrerinnen und Lehrer sprechen über ihre Visionen für unsere Zeit.* Kösel, 2008

Suzuki, Shunryu: *Zen-Geist, Anfänger-Geist. Unterweisungen in Zen-Meditation.* Herder, 2009

Terzano, Tiziano: *Noch eine Runde auf dem Karussell. Vom Leben und Sterben.* Knaur, 2009

Ziegler, Jean: *Das Imperium der Schande. Der Kampf gegen Armut und Unterdrückung.* C. Bertelsmann, 2005

## Bildnachweis

**6** Privat **12** Sven C. Schramm **17** Marie-Lan Nguyen **18** Picture Alliance/dpa **19** Wecker Privatarchiv **26** Sven C. Schramm **28** Wecker Privatarchiv **29** San Francisco Zen Center **31** Picture Alliance/Süddeutsche Zeitung Photo **32** Wecker Privatarchiv **35** Thomas Karsten **38** tz München, 2./3.12.1995 **45** Bundesarchiv Bild 183-D0116-0041-019 **46** Ullstein Bild/AKG Wittenstein **49** Wecker Privatarchiv, Michael Roenisch **50** Robert Piffer **51** AP Photo/Shizuo Kambayashi **53** Dietrich Flechtner **58, 64** Peter Cunnigham **69** privat **71, 73, 77, 82, 86** Peter Cunnigham **90** Shutterstock/Amy Nichole Harris **92** Zen Peacemakers **93** Peter Cunnigham **94** Seabrook Jones, www.juicythis.com **96** Peter Cunnigham **100** Shutterstock/Jackiso **103, 109, 111** Peter Cunnigham **114** Christa Spannbauer

## Quellennachweis

**S. 7:** Es geht ums Tun und nicht ums Siegen; Die weiße Rose; Musik & Text: Konstantin Wecker; © FANFARE MUSIKVERLAG, a BMG company

**S. 16:** Titel: Genug ist nicht genug; Musik & Text: Konstantin Wecker; © FANFARE MUSIKVERLAG, a BMG company

**S. 21:** Titel: Zärtlichkeit und Wut; Musik & Text: Konstantin Wecker

**S. 24:** Titel: Eine ganze Menge Leben; Musik: Francisco Eixea Tarrega; Text: Konstantin Wecker; © FANFARE MUSIKVERLAG, a BMG company

**S. 30:** Titel: Wenn der Sommer nicht mehr weit ist; Musik & Text: Konstantin Wecker; © Musik Edition Discoton GmbH (Universal Music Publishing Group)

**S. 36:** Titel: Ich möchte weiterhin verwundbar sein; Musik & Text: Konstantin Wecker; © FANFARE MUSIKVERLAG, a BMG company

**S. 39:** Titel: Das wird eine schöne Zeit; Musik & Text: Konstantin Wecker; © FANFARE MUSIKVERLAG, a BMG company

**S. 42:** Titel: Schwanengesang; Musik & Text: Konstantin Wecker

**S. 44:** Titel: Wer nicht genießt ist ungenießbar; Musik & Text: Konstantin Wecker; © FANFARE MUSIKVERLAG, a BMG company

**S. 49, 54:** Titel: Empört euch!; Musik & Text: Konstantin Wecker